青蓝工程
学科教案评析系列

全国优秀学科教案评析

QUANGUO YOUXIU
XUEKE JIAOAN PINGXI

教育部教育管理信息中心 组编

小学数学
XIAOXUE SHUXUE

西南师范大学出版社
全国百佳图书出版单位
国家一级出版社

图书在版编目（CIP）数据

全国优秀学科教案评析. 小学数学 / 教育部教育管理信息中心组编. —重庆：西南师范大学出版社，2016.3
　ISBN 978-7-5621-7800-2

Ⅰ.①全… Ⅱ.①教… Ⅲ.①小学数学课－教案（教育） Ⅳ.①G623

中国版本图书馆 CIP 数据核字（2016）第 053137 号

青蓝工程系列丛书
编委会主任： 曹志祥　周安平
策　　划： 森科文化

全国优秀学科教案评析·小学数学
教育部教育管理信息中心　组编

责任编辑：	杜珍辉　祁篆萍
文字编辑：	刘　凯
封面设计：	天之赋设计室
出版发行：	西南师范大学出版社
	地址：重庆市北碚区天生路 1 号
	邮编：400715　市场营销部电话：023－68868624
	http：//www.xscbs.com
经　　销：	新华书店
印　　刷：	重庆紫石东南印务有限公司
开　　本：	720mm×1030mm　1/16
印　　张：	17.25
字　　数：	301 千字
版　　次：	2016 年 3 月　第 1 版
印　　次：	2016 年 3 月　第 1 次印刷
书　　号：	ISBN 978-7-5621-7800-2
定　　价：	35.00 元

若有印装质量问题，请联系出版社调换
版权所有　翻印必究

前　言

　　教育信息化是国家信息化的重要组成部分，具有基础性、战略性、全局性的地位。党的十八届三中全会提出了深化教育领域综合改革和加快推进教育信息化的明确要求；习近平总书记强调"没有信息化就没有现代化"。"以教育信息化带动教育现代化"是推进我国教育事业改革与发展的战略选择，也是教育信息化促进教育公平、提升教育质量的有效途径。国务院总理李克强也在政府工作报告中提出，"制定'互联网＋'行动计划"，再次掀起了互联网热潮，包括互联网教育在内的新业态正在形成。

　　为了在中小学教师中普及信息技术，提高广大教师在课堂教学中正确运用互联网、高效率地利用优质网络教育资源的能力，教育部教育管理信息中心自2009年起组织开展了四届全国中小学"教学中的互联网应用"优秀教学案例评选活动。活动得到了各级教育行政部门、各地教育信息中心、电教馆的大力支持，学校积极组织、教师踊跃参与。在全国35个城市举办了47场培训活动，免费培训指导教师近20000人，总共收到全国30个省、市、自治区的近36万余份教学案例，涵盖了小学、初中、高中各个学科，这些作品都经过了教师们的认真构思、设计、实践、反思过程，真实地反映了课堂教学现状和教师的专业水平。最终，评选出各年段、各学科的优秀作品。这些作品较好地体现了教师在教学中对互联网的应用，具有较高的参考价值和借鉴意义。活动结束后，很多中小学校和教师来电来函希望将大赛优秀作品集结成册进行出版，以方便中小学一线教师进行查阅、学习和交流。为此，我们本着精益求精的原则，在所有获奖作品中，分别遴选出小学、初中、高中各个学科的优秀作品，并邀请专家对这些作品逐一加以点评，汇集成册。

　　衷心希望这些优秀作品的出版能够促进信息技术与教学的深度融合，加强交流与分享，为教与学的变革和教师的专业化成长提供参考！

编者

2015年12月

目　　录

在观察、欣赏、操作中体验对称之美
　　——"观察物体"教案及评析 ………………………………… 1

寻求策略，解决问题，感受价值
　　——"解决问题的策略"教案及评析 …………………………… 8

积极为学生搭建学习、探究的平台
　　——"面积与面积单位"教案及评析 …………………………… 19

创设美的情境，动手创造美
　　——"奇妙的剪纸"教案及评析 ………………………………… 25

在探究、交流中感悟和提炼
　　——"认识成正比例的量"教案及评析 ………………………… 31

善用互联网，培养自主探究能力
　　——"三角形的内角和"教案及评析 …………………………… 37

概念与计算相结合，讲解与操作互渗透
　　——"圆的周长"教案及评析 …………………………………… 43

由浅入深，由简到繁，逐步解决问题
　　——"植树问题"教案及评析 …………………………………… 48

联系实际，巧妙学习
　　——"组合图形的面积"教案及评析 …………………………… 54

激活已有生活经验，开启学生思维空间
　　——"24时记时法"教案及评析 ·················· 59

创设活动情境，增加探索机会
　　——"辨认方向"教案及评析 ····················· 65

操作探究，自主发现
　　——"长方形、正方形面积的计算"教案及评析 ········ 72

让学生在生活化的情境中体验与探索
　　——"对称、轴对称图形"教案及评析 ············· 78

策略引发，技巧指导，意识养成
　　——"解决问题的策略——转化"教案及评析 ········· 84

用游戏的方式体悟知识
　　——"可能性"教案及评析 ······················· 90

自主、探究、合作，培养主角意识
　　——"秒的认识"教案及评析 ····················· 96

在朴实中创新，在创新中不忘朴实
　　——"年、月、日"教案及评析 ··················· 102

以活动贯穿全课，以美丽唤醒心灵
　　——"奇妙的图形密铺"教案及评析 ··············· 110

以操作为主线，面向全体，全员参与
　　——"认识三角形和平行四边形"教案及评析 ········ 116

动手实践，自主探究，合作交流
　　——"三角形的面积"教案及评析 ················· 122

目 录
CONTENTS

设置数学学习情境，激发学生主动参与
　　——"体积与容积"教案及评析 ·············· 130

以快乐为主线，重视学生自主学习
　　——"小数点位置移动引起小数大小变化的规律"教案及评析 ······ 137

互联网条件下的数学综合实践
　　——"1亿有多大？"教案及评析 ·············· 143

创设主题情境，探索图形规律
　　——"找规律"教案及评析 ················ 149

激活学生思维，促进学习资源生成
　　——"比的意义"教案及评析 ··············· 154

小组合作，互助探究，发挥学生主体作用
　　——"热闹的民俗节——对称"教案及评析 ········· 161

关注情境，发挥自主探索精神
　　——"简易方程"教案及评析 ··············· 166

和互联网一起学数学
　　——"观察物体"教案及评析 ··············· 173

找、摸、认、做、比，深刻认识角
　　——"角的初步认识"教案及评析 ············· 180

创设和谐教学氛围，促进学生积极发展
　　——"角的度量"教案及评析 ··············· 187

联系学生生活，设计丰富活动
　　——"秒的认识"教案及评析 ··············· 194

3

多种教学手段相互渗透，轻松掌握新知
　　——"平行四边形的面积"教案及评析 …………………… 203

结合生活经验，让学生学习和感知
　　——"平移和旋转"教案及评析 ……………………………… 209

教师语言引导下的小组合作学习
　　——"热闹的民俗节——对称"教案及评析 ……………… 216

交流中理解，争辩中思考，点拨中提升
　　——"认识比"教案及评析 …………………………………… 223

多层次、多角度地提高学生的认识
　　——"认识分数"教案及评析 ………………………………… 231

在趣中悟，在乐中学
　　——"认识角"教案及评析 …………………………………… 239

联系实际，结合经验，使数学生活化
　　——"神奇的旋转"教案及评析 ……………………………… 248

数学来源于生活，生活离不开数学
　　——"等量代换"教案及评析 ………………………………… 255

以学生为主体，多感官参与，积极探索
　　——"位置与方向"教案及评析 ……………………………… 260

在观察、欣赏、操作中体验对称之美
——"观察物体"教案及评析

刘 鑫[①]

教学背景

教学课时：1课时

教学准备：

1. 学生：准备剪刀、彩纸、几种对称图形（长方形、正方形、圆形、五角星形）。

2. 教师：制作多媒体课件；准备剪纸；在互联网上收集与本课教学内容有关的素材。

教学目标

1. 通过观察、操作，了解生活中的对称现象，认识轴对称图形的一些基本特征，能正确识别轴对称图形，会设计、制作简单的轴对称图形，会画出简单轴对称图形的对称轴。

2. 通过观察、猜想、验证、操作，经历认识轴对称图形的过程，掌握判断轴对称图形的方法，发展空间观念，培养动手、创新的能力。

3. 在认识、制作和欣赏轴对称图形的过程中，感受物体或图形的对称美，感受数学与生活的密切关系，学会欣赏数学美。

教材分析

"观察物体"这部分内容对于低年级学生来说，知识点相对抽象，因此应借助生活中的实例和学生的操作活动，将抽象的数学知识通过具体的事物和实践活动展现出来，从而判断出哪些物体是对称的，哪些物体不是对称

---

① 刘鑫，天津市和平区耀华小学。

的，并从对称图形中找出对称轴，初步、感性地了解轴对称图形的性质。

教学重难点

1. 认识轴对称图形的基本特征，能正确判断并画出对称轴。
2. 设计、制作轴对称图形。

教学方法

采用谈话法、情境创设法、探索法。

教学过程

一、情境导入，观察激趣

师：今天老师给大家带来了一个新朋友，你们认识它吗？（出示美羊羊的图片）

生：美羊羊。

师：让我们一起来看美羊羊说什么了？

师（美羊羊）：嗨，大家好，很高兴和你们一起上课。我给你们带来了礼物。（出示图片）猜一猜，它们是什么？

蜻蜓　　　　　　　　　蝴蝶

生：蜻蜓、蝴蝶。

师：请同学们仔细观察，蜻蜓身体左右两边有什么特点？蝴蝶呢？

生：左右两边一样。

师：什么是一样的？

生：它们左右两边的形状、大小、图案、颜色都一样。

师：你们观察得真仔细！它们的两边真是一模一样的吗？你们能想出什么好办法来验证一下吗？

生：对折。

师：同学们说得对，那我们就来对折一下看看这个办法好不好。（播放视频《对折轴对称图形》）

师：我们把蜻蜓的左右两边对折，发现了什么呢？

生：左右两边能够完全重合。

（教师板书：完全重合。）

师：我们把蜻蜓的左右两边对折后会怎样？同桌互相说说。

（同桌互说。）

师：蝴蝶对折后能完全重合吗？我们验证一下。（播放演示动画）

师：像蜻蜓、蝴蝶这样，左边和右边完全一样，能够完全重合在一起的图形，我们就说它们是对称的。（出示课题：对称）

师：今天这节课我们就一起来和"对称"交朋友。其实，生活中有很多物体都是对称的，大家看。（出示图片）

剪刀　　　　　　　　　　风筝

师：你们能说一说生活中还有哪些物体也是对称的吗？

生：桌子、椅子、衣服、脸、人……

师：同学们找到这么多对称的物体，看来生活中对称真是无处不在啊。

二、动手操作，探究对称

1. 剪一剪

师：同学们喜欢剪纸吗？看老师剪出的这些图形，（出示剪纸）这些都是对称图形吗？

（学生回答。）

师：你也能剪出对称图形吗？剪对称图形是有窍门的，小组同学互相商量商量，你想剪一个什么对称图形？应该怎样做？

（小组讨论、汇报。）

师：（边演示边说明方法）剪对称图形的窍门就是先要把纸对折，再画出要剪图形的一半，这样剪出来的就是对称图形了。

师：剪对称图形时有没有需要注意的地方？老师再演示一个剪法，（演示错误剪法）谁看出来有什么问题了吗？

（学生回答。）

师：大家要对着有折痕的这边画图形的一半。

（学生画图形。）

师：下面请大家自己剪一个与众不同的对称图形，看谁剪得又快又好，一次成功。

（学生剪纸。）

师：谁认为自己剪得特别好，就放到前面让大家看看。同桌互相欣赏，如果剪得不对，帮帮他。

（学生展示、欣赏。）

师：观察一下，我们剪的图形中间都有一条什么？

生：折痕。

师：这条折痕两边的图形怎样？

生：一样。

师：对。这条折痕的两边是完全一样的，也就是对称的。我们沿着这条折痕画条线，这条线叫作这个图形的对称轴。（板书：对称轴）这条线就叫什么？为什么这样叫？

（学生回答。）

师：给你剪的对称图形画出对称轴，同桌互相看看画得对不对。

2. 找一找

师：观察下面的图，看看它们是不是对称图形，找找对称轴在哪里。

（学生思考、回答。）

3. 折一折

师：同学们已经学会了画对称图形的对称轴，想一想，刚才画的对称图形的对称轴有几条？

生：一条。

师：那么所有的对称图形都只有一条对称轴吗？下面我们就折一折吧。（出示长方形）这是对称图形吗？有几条对称轴？折一折，画一画，数一数，说说你的发现。

（学生操作、回答。）

师：同桌之间商量商量，看这两个图形（出示正方形、圆形）是不是对称图形，有几条对称轴。

（学生操作、回答。）

师：刚才大家通过动手折，发现有的对称图形有一条对称轴，有的不止一条，而圆形有无数条对称轴。平时我们要善于观察，有条件时可以动手折一折。

三、巩固练习，拓展新知

师：美羊羊刚和我们学完对称的知识就忙着做作业去了，可是有几道题不知道是对是错，你们能帮帮它吗？

（教师出示判断题，学生判断对错。）

师：半圆是对称图形吗？五角星有几条对称轴？等边三角形有几条对称轴？这几个问题留给你们回家去好好研究研究，明天告诉老师好吗？

四、课堂总结

师：今天这节课你最大的收获是什么？

（学生总结。）

师：最后再和老师一起欣赏一组对称图形吧，说说这些图形给你留下了什么印象。（出示图片）

埃菲尔铁塔 　　　　　　　　京剧脸谱

师：这些图形都很美，老师送给大家一个"美"字，希望大家能用自己明亮的眼睛在生活中多多发现美的事物。

教学反思

1. 创设活动情境

以低年级学生为教学主体的数学课堂，采用儿童化的语言和教学情境可以立刻吸引学生的注意力，因此我以"美羊羊"这个学生熟悉的卡通形象引入教学内容，用"猜一猜"的方式引起学生的好奇心，引起学生的学习兴趣，使学生很快融入教学环节中。

2. 鼓励学生动手操作

在"剪一剪"和"折一折"这两个动手实践活动中，我通过让学生动手操作，进一步认识了轴对称图形的基本特征，深化了对轴对称图形的认识，了解了有些轴对称图形的对称轴不止一条，既锻炼了学生的动手能力，也培养了学生自主发现问题和解决问题的能力。但值得注意的是，课堂上，我对一些动手能力差的学生的关注还不够，应适时地对他们进行个别辅导，让他们的动手能力有所提高。

3. 在生活中学习数学

数学来源于实际生活，教学中应注重书本知识与现实生活的联系，让学生对数学产生亲切感，这是数学教学的目标之一。在本节课最后的教学环节中，我通过展示一幅幅生活中的轴对称图形，让学生体会到对称产生美，感受到生活中的数学及数学的生活化。

（所获奖项：一等奖）

专家点评

本教学设计中，教师设置了合理明确的教学目标，重点让学生认识对称图形的基本特征，并能正确判断出对称轴。教学内容的设计及安排合理有序，教师通过展示常见的包含对称图形的图片、列举生活中常见的对称图形以及让学生动手制作对称图形等环节，使学生对对称图形的特征有了一个正确的认识，并能正确判断对称轴，最终达到了教学目标。

在教学开始时，教师借助学生熟悉且喜欢的卡通形象导入新课，较好地引起了学生学习的兴趣，营造了良好的学习氛围。通过提出合理的问题，引发学生思考，激发学生强烈的求知欲望，从而在解决问题的过程中学习知识，发展学生的思维。另外，教师通过引导学生动手操作，调动学生学习的积极性，使抽象的静态的数学知识动态化，进一步加深了学生对对称图形的理解和认识，同时也锻炼了学生的动手能力和解决问题的能力。在教学结束时，教师让学生总结课程内容和自己的收获，并通过列举日常生活中常见的对称图形，使学生进一步深刻体会数学知识在生活中的应用。不足之处是教案并没有脱离传统的教学策略，采用的仍然是传统的教师引导学生的方法，而且最后的巩固练习也仍然采用了传统的习题评价方法。

　　本课教学内容与学生的生活密切相关，难度不大，建议教师可以采用生成式教学策略，让学生自己利用课本以及小组合作讨论的学习方式来提高学习效率，提升学生的学习兴趣，实现以学生为中心的课堂教学。最后的评价方式也可以是多元化的，可以留一个小制作，如让学生根据本节课上所学的知识制作一个对称图形。

　　　　　　（点评人：北京师范大学教育学部　鲁利娟）

寻求策略，解决问题，感受价值
——"解决问题的策略"教案及评析

朱晓冬[①]

教学背景

教学课时：1课时

教学准备：

1. 学生：每人准备一张作业纸。

2. 教师：制作多媒体课件；在互联网上收集与本课教学内容有关的素材。

教学目标

1. 初步体会用列表的方法整理相关信息的作用，感受列表是解决问题的一种策略。

2. 通过自主探索、动手实践、合作交流等学习活动，学会用列表的方法整理信息，并通过列表的过程分析数量关系，寻求解决问题的有效方法。

3. 通过对类似归一、归总的实际问题的探索，进一步积累解决问题的经验，增强解决问题的策略和意识，获得解决问题的成功体验。

教材分析

解决问题的策略是一种必要的问题解决的思想和方法，也是正确、合理、灵活地解决问题的一种能力，掌握得好与坏将直接影响学生解决问题的能力强弱。这部分内容是在学生已经积累了一定的数量关系及解决问题的经验、初步了解了同一问题可以有不同的解决方法的基础上学习的。

[①] 朱晓冬，江苏省东台市实验小学。

寻求策略，解决问题，感受价值
——"解决问题的策略"教案及评析

▌教学重难点

1. 经历列表整理、分析数量信息并列式解决问题的过程，体会列表这一分析策略解决实际问题的价值，能运用该策略解决简单的实际问题。

2. 正确整理、分析数学信息关系，学会通过所整理的信息分析解决问题，并内化成自己的问题解决策略。

▌教学方法

本课采用情境引入法、启发式教学法、对比法、分析法、综合法等进行教学，创设学生熟悉的生活情境，使学生成为数学学习的主人。

▌教学过程

一、故事引入，初感"策略"

师：同学们，听过《田忌赛马》的故事吧？想不想重温一下？

（播放视频《田忌赛马》。）

师：再次看这个故事，有什么特别想说的吗？

生：孙膑想的办法真巧妙！

生：孙膑这个办法真高明！

……

师：这个高明的办法就是一种策略！（板书：策略）想一想，在生活中你听过或见过用策略解决问题的例子吗？

生：曹冲称象、乌鸦喝水……

（出示曹冲称象、乌鸦喝水的图片。）

曹冲称象　　　　　　　　　乌鸦喝水

师：在解决数学问题时，我们也常常要用到各种策略。今天这节课我们就来学习——解决问题的策略。（板书：解决问题的策略）

【设计意图】通过播放视频《田忌赛马》，让学生在故事情境中体验策略，初步感受孙膑这种高明的方法就是一种策略。再通过展示曹冲称象、乌鸦喝水的图片，让学生认识到策略在生活中十分常用，从而顺理成章地引入教学内容，使学生产生学习的需求。

二、合作交流，探究"策略"

1. 初步感受列表的有效性和必要性

师：田忌是怎样赢得比赛的呢？老师这有两份答卷，比较一下，你更欣赏哪一种？为什么？

（课件出示两份答卷。）

答卷1：

第一场比赛，田忌用下等马对齐威王的上等马，输了。

第二场比赛，田忌用上等马对齐威王的中等马，获胜。

第三场比赛，田忌用中等马对齐威王的下等马，又获胜了。

比赛的结果是三局两胜，田忌赢了齐威王。

答卷2：

	齐王	田忌	获胜方
1	上等马	下等马	齐王
2	中等马	上等马	田忌
3	下等马	中等马	田忌

（学生交流。）

生：答卷2更好。

师：看来，列表可以让杂乱的信息变得简洁明了，便于分析。

【设计意图】本节课是学生初次学习用表格整理信息，如果直接放手让学生尝试，学生可能会不知所措。但是，如果直接把表格的填法教给学生，又不利于学生思维的发展。因此，我在教学列表策略前，引导学生对两份答卷进行比较，让学生直观地感受列表整理的简洁、清晰和明了，为下面的学习做铺垫，降低了学习的难度。

2. 经历从零乱的信息到列表整理的过程

（1）分析题意

师：去年，我们学校的学生给贫困山区的孩子捐了很多书。为了让他们能够及时记下读书心得，有三个学生还拿出自己的零花钱要买同一种练习本捐给他们。(出示改编后的例题图片)从题中你知道了哪些信息?

(学生回答。)

【设计意图】教材中例题的情境内容简单,列表也较为简单,而我对例题进行了改编,使情境中的信息涉及多个条件与问题,能引发学生思考:如何整理信息?怎样整理信息才便于分析数量之间的关系?这样的思考更能让学生体会策略的价值。

(2) 整理信息

师:看来要解决问题,我们先得对这些信息进行整理。你会整理吗?你打算用什么办法进行整理,使我们一眼就能看出来?选一种你喜欢的方式试试看,好吗?

(学生整理信息,教师巡视。)

(3) 汇报交流

师:都整理好了吗?老师这里选了几种不同的整理方法。

(出示方法一:原文摘录。)

师:先看这一种,是将原题基本都摘录下来了,你们有什么想法吗?

生:太麻烦了!

(出示方法二:画图。)

□□□　　　小明花 18 元

□□□□□　　小华花了多少元?

师:再看看这一种,这里的 3 个正方形是什么意思?买 3 本画 3 个,买 5 本画 5 个,如果买 10 本呢?有点麻烦,是吧?

生:是。

(出示方法三:画线段图。)

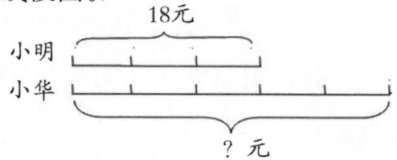

师：这里的3份表示什么？5份表示什么？如果买100本呢？还想画线段图吗？为什么？

生：很麻烦。

（出示方法四：列表。）

小明	3本	18元
小华	5本	?元

师：这里还有一种记法，你们觉得这种记法怎样？哪些同学是这样整理信息的？你能介绍一下你在列表的时候是怎样想的吗？

（学生回答。）

师：题目中有小军，为什么没有把他填到表格里面去？

（学生回答。）

（4）示范画表、填表

师：为了方便研究，老师把列表整理的方法移到黑板上。（演示）先画2行，第一栏写上他们的姓名。第二栏写什么？第三栏呢？能把18元填到下面一行吗？为什么？

（学生回答。）

师：列表整理条件和问题的时候要注意选择信息，还要注意相关信息要对应。

【设计意图】学生整理的方式可能是多种多样的。有的学生会尝试用线段图表示数量之间的关系；有的学生会用笔画一画，标出有效信息；有的学生可能只是将情境中的信息抄了一遍，而不思考如何简化信息；还有的学生能摘录有效的信息，并有序排列；等等。本环节原生态地呈现学生真实的思维过程，旨在唤醒学生整理的经验，展示学生已有的整理信息的策略，让学生体验整理信息策略的多样性，初步感受列表整理信息的优越性。

3. 利用表格分析题中的数量关系

（1）读懂表格

师：如果只有表格，你还能很快地说出已知什么、要求什么吗？

（学生回答。）

（2）从条件想起

师：咱们来看第一行，看到小明买了3本需要18元，你能想到什么？那小华买5本要多少元，怎样列式？

（学生回答，教师板书算式。）

师：刚才我们是从条件想起来分析数量关系的。（板书：从条件想起）

（3）从问题想起

师：如果从第二行看，小华买了5本需要多少元，必须先求什么？再算什么？

（学生回答。）

师：这种思路是从问题想起的。（板书：从问题想起）要解决问题，分析数量关系时我们可以从条件想起，也可以从问题想起。

（4）表格上下行之间的联系

师：把表格的上下两行联系起来看，你有什么发现？

生：第一行求出1本的价钱正好就是第二行求"小华用去多少元"缺少的条件。

【设计意图】为什么要列表？列表有什么好处？不能仅仅停留在简单的感受表格的清晰、简洁上，还要让学生学会利用表格分析数量关系，明确解决问题的思路。教学时，充分引导学生观察表格的每一行，体会既可以从条件出发想问题，也可以从问题出发想条件，使学生初步明确地感受综合法和分析法这两种不同的思考方法。在这一过程中，学生能进一步体会表格是合理的、必要的，从而体验这一解题策略。

4. 回顾反思，提炼策略

师：我们来看看刚才是怎样用列表的策略解决问题的。我们先弄清题目中的条件和问题，然后列表整理，分析数量关系，列式解答。这就是我们运用列表的策略来解决问题的一般过程。

【设计意图】策略的有效形成必然伴随着对行为的不断反思，这就需要给学生充裕的时间，让其回顾解决问题的过程，更清晰地体会列表在分析实际问题中数量关系方面的优势，积累丰富的解决问题的经验，灵活选用解决问题的策略。

5. 实际运用，内化策略

（1）继续解决问题

师：解决了小华的问题，我们再来看小军的问题。你能自己试着先列表整理再解答，并在小组里交流你的思考过程吗？

（学生整理、解答，小组交流。）

（2）展示学生作业

师：求"小军买多少本"，你是怎么想的？

（学生回答。）

师：刚才我们解决了两个有关购物的问题，在解决问题时都运用了什么策略？

生：列表策略。

（教师板书：列表。）

师：这就是我们今天学习的一种策略——列表整理。

6. 合并、简化表格，渗透函数思想

（1）合并表格

（课件出示两个表格。）

小明	3 本	18 元
小华	5 本	？元

小明	3 本	18 元
小军	？本	42 元

师：观察这两个表格，它们有什么相同的地方和不同的地方？

（学生回答。）

师：因为关于小明的条件是相同的，所以我们在解决这两个问题的时候，可以把两个表格合并为一个表格。

（动态演示合并表格的过程。）

小明	3 本	18 元
小华	5 本	？元
小军	？本	42 元

（2）简化表格

师：在这个表格里面我们可以把一些不是很重要的信息简化掉，如名字，甚至是表框。（动态演示）

3 本　　　　18 元

5 本　　　（　　）元

（　　）本　　42 元

师：你能根据前面两题的解答结果，算出括号里的数吗？

（学生填写、汇报。）

（3）渗透函数思想

师：看大屏幕上的表有什么变化。（动态演示出箭头）

3 本 ⟶ 18 元

5 本 ⟶ ( ) 元

( ) 本 ⟶ 42 元

师：箭头能这样画（反过来）吗？为什么？你觉得这里的箭头有什么作用呢？

（学生回答。）

师：借助列表，能使要解决的问题得到简化，有益于我们发现数量关系，找到解决问题的方法。

师：请你观察这个列表，你有什么发现？什么没有变化？

（学生讨论。）

师：买的本数变化了，用的钱数也变化了。买的本数越多，用的钱越多。但不管本数、钱数怎样变化，每本的价钱是不变的。

【设计意图】本环节通过合并、简化表格，让学生既形象又深刻地领悟了函数思想。

三、练习巩固，强化"策略"

1. 列表解决问题

师：为了帮助灾区的孩子更好地开展读书活动，各班同学纷纷献爱心。这不，四年级（3）班的同学采购了一些字典，要捐给他们。（出示情境图）你能完整地找出条件和问题吗？你能根据刚才学到的方法整理信息、解决问题吗？请在练习本上列表整理条件和问题。

（学生独立解答，集体汇报交流。）

师：用列表的方法解决问题有什么好处？

生：有利于发现数量之间的关系，找出解决问题的方法。列表是解决问题的一种策略。

【设计意图】本环节既渗透了爱心教育，又让学生活学活用，用学到的策略来解决问题。

师：四年级的学生不仅捐助了书，还打算买一些体育用品捐给灾区的孩子。请看，（出示情境图）大家感觉这些信息怎样？

生：很多，有点混乱。

师：你有什么好办法整理一下？

生：列表整理。

（学生列式解答，集体汇报交流。）

2. 拓展练习

师：同学们今天的表现真棒！大家知道"嫦娥二号"吗？2010年10月1日，"嫦娥二号"在西昌卫星发射中心成功发射。让我们再次来到现场，感受那激动人心的时刻。

（播放视频《"嫦娥二号"点火发射升空实况直播》，学生观看。）

师：有什么特别的感受吗？想了解更多有关"嫦娥二号"的知识吗？

（出示图片和资料。）

"嫦娥二号"发射升空

（1）"嫦娥二号"总重量为2480千克。

（2）制造"嫦娥二号"花费约9亿元。

（3）"嫦娥二号"进入地月转移轨道时，3秒钟飞行了33千米。

（4）从地球到月球大约39万千米。

（5）使用的液氢燃料，如果每小时用3吨，可用15小时。

师：谁来读一读？你知道了什么？根据这些知识你能解决一些实际问题吗？

（指名读，学生交流。）

师：如果飞行20秒，可以飞行多少千米？液氢燃料如果每小时用5吨，可以使用多长时间？

（学生独立解答，集体汇报交流。）

【设计意图】通过图片,激发学生的兴趣;通过资料,让学生了解有关"嫦娥二号"的知识,感受祖国的强大。同时让学生运用学到的新本领解决其中的数学问题,使他们认识到生活中处处有数学。

四、全课总结,提升"策略"

师:今天这节课,你有什么新的收获?你认为用列表的策略解决问题有什么好处?要注意什么?

(学生总结。)

教学反思

我引导学生经历"寻求策略—解决问题—感受价值"的系列活动,让学生形成解决问题的策略意识,提高解决问题的能力。我通过组织、整理教材,让学生学习并掌握了整理信息的常用方法,体会了整理信息的意义与作用,形成自觉、灵活地整理信息的意识和能力,从而提高了解决问题的能力。

(所获奖项:一等奖)

专家点评

本课的教学目标设置得合理明确,让学生初步体会用列表整理相关信息的作用,让学生体会如何用列表的方法分析数量关系从而解决简单的实际问题,从教学结果来看,目标达成还是很好的。在教学内容的设置和安排方面看,教师的设计合理有序,循序渐进。在导入新课环节,教师通过《田忌赛马》的故事引出列表法,并设置问题情境引导学生使用列表法整理信息,发现一定的数量关系,从而使学生体会到列表法的有效性和必要性。通过《田忌赛马》的故事导入新课,较好地引起了学生的学习兴趣;通过对田忌赛马过程的两种不同的描述方式的对比,使学生进一步体会列表法的作用。这种设置问题情境后提出合理的问题的形式,有效地引发了学生的思考,激发了学生强烈的求知欲。在教学中,教师在学生给出解决方案后,让学生再对比几种常见的解决方案,学会在解决问题的过程中使用列表法整理信息,有利于发展学生的思维。在教学结束时,通过特定情境中问题的解决并给出其他可能的解决问题的策略来激发学生的思考,使学生进一步体会数学知识在实际生活的运用。

教学中，教师将信息技术与传统的教学手段相结合，有利于学生的学习及教学目标的实现。建议教师在教学中，能够更加合理地使用信息技术来进一步优化教学。

（点评人：北京师范大学教育学部　鲁利娟）

积极为学生搭建学习、探究的平台
——"面积与面积单位"教案及评析

李丽亚[1]

教学背景

教学课时：1课时

教学准备：

1. 学生：每人准备两张大小不同的白纸，绘制自家户型图。

2. 教师：制作多媒体课件；在互联网上收集与本课教学内容有关的素材；准备圆形、三角形、长方形、正方形等教学用具。

教学目标

1. 通过直观形象地感知材料，理解面积的含义，认识面积单位，形成1平方厘米、1平方分米、1平方米的表象。

2. 在解决问题的过程中，体会到规定统一的面积单位的必要性，进一步感悟选用正方形作为面积单位的合理性。

3. 体会数学来源于生活实际的需要，感受数学与生活的密切联系。

教材分析

"面积"是本单元的重要概念，理解面积的含义和认识面积单位是学习面积计算的基础。学习本课是发展学生的空间概念，使学生在空间形式上"由线到面"的一次飞跃。由此可见，本课是小学阶段几何教学的重要内容。

教学重难点

1. 理解面积的含义，掌握常用的面积单位并形成正确的表象。

---

[1] 李丽亚，北京市朝阳区光华路小学。

2. 体会规定统一的面积单位的必要性和选用正方形作为面积单位的合理性。

教学方法

本课通过开展观察、比较等思维活动和比、找、拿、量等操作活动，启发和推动学生积极思考，加深学生对知识的理解。

教学过程

一、激趣感悟，启动思维

1. 激趣感悟

（出示关于世界各国领土面积排名的资料。）

师：了解了世界各国领土的面积，你有什么体会？

生：我很自豪，我们国家的领土面积很大，在世界上排名第三。

师：今天进行一次涂色比赛，每位学生拿两张白纸（大小不同），任选一张，谁先涂满颜色谁就赢。

（学生涂色。）

师：为什么都选这张小一些的纸？

（学生回答。）

2. 感悟理解

（1）感悟物体表面的面积

师：同学们，生活中很多物体都有表面，它们是否也有大小呢？请同桌两人一组，找一找，摸一摸，比一比。

（同桌二人活动。）

师：刚才我们都感受到了物体的表面是有大小的，数学上把物体表面的大小叫作它们的面积，如练习本表面的大小就是练习本表面的面积……经过比较，我们知道练习本表面的面积比田字格本表面的面积大。请你用"面积"说上几句话。

（学生回答。）

（2）利用教具感知封闭图形的面积

（出示学生涂色比赛的两张纸。）

师：同学们，这两张纸的面是什么形状的？

生：长方形。

师：除了长方形，我们还认识哪些平面图形？平面图形也有大小吗？指指在哪儿？

（学生回答。）

师：平面图形也有大小，那么平面图形的大小就是它的面积了。（出示教具）这也是一个平面图形，谁来摸摸感受一下它的大小？你有什么想法？

（学生操作、回答。）

（3）结合生活，体会面积的含义

（出示户型图。）

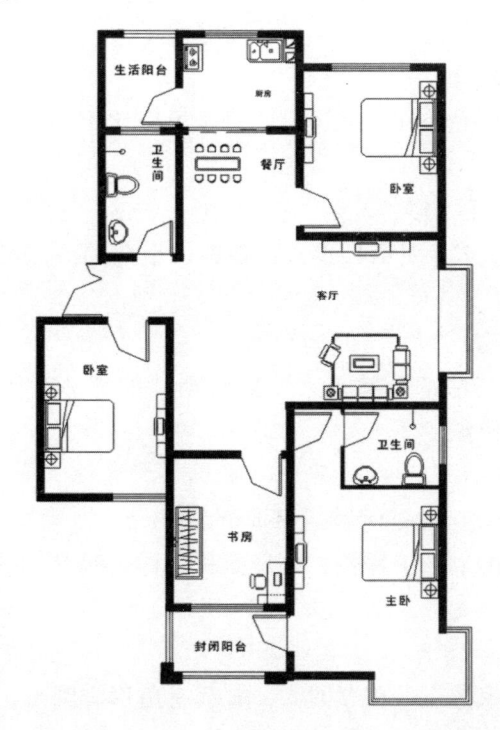

师：这是一幅户型图，通过这幅图我们能知道家里都包括哪些部分？

（学生回答。）

师：请展示一下你绘制的自家的户型图，说一说你家的面积都包括哪些部分。

（学生展示、回答。）

3. 总结概括

师：谁能完整地说说什么叫面积吗？

（学生回答。）

二、观察比较，激活思维

1. 直接比较

（出示大小悬殊的圆形和三角形。）

师：谁的面积大？

（学生回答。）

师：这两个图形的大小差异比较明显，用眼睛直接观察就能得出面积的大小，这种比较方法叫观察法。

（出示两个长方形。）

师：谁的面积大？这下观察法就不太好使了。

（学生操作、讨论。）

师：把两个图形重叠在一起进行比较，可以比出面积的大小，这种方法叫重叠法。

（出示长方形和正方形。）

师：谁的面积大？（演示）看来，观察、重叠的方法都不能很准确地比较它们的大小。

（小组合作探究。）

师：把图形的某些部分剪下来，粘贴到其他部分，使两个图形容易比较，这种方法叫剪拼法。

2. 间接比较

（出示两个周长相等、面积大小不等的图形。）

师：两个图形的周长一样长，可是面积一样大吗？你认为借助周长能得出面积的大小吗？

（学生回答。）

师：老师给大家提供一些学具，（出示三角形、圆形、正方形、长方形学具）看看能不能帮你们比出谁的面积大。

（学生操作。）

师：比较面积大小，要用统一的图形。

三、操作表达，发展思维

1. 体会选用正方形作为面积单位的合理性

师：你是用什么图形比的？

（学生汇报。）

师：用圆、三角形、长方形、正方形进行比较，有什么感受？

（学生操作、讨论。）

师：刚才同学们感受到了用统一大小的正方形比较面积比较合适，这统一大小的正方形就是测量面积的面积单位。

2. 认识常用的面积单位

（1）认识1平方厘米、1平方分米、1平方米

（课件出示1平方厘米、1平方分米、1平方米的正方形。）

师：看，这就是面积单位，请从你的学具中找出1平方厘米的正方形。

（学生找。）

（2）拓展认识其他常用面积单位

（出示有关常用的面积单位的资料。）

师：常用的面积单位还有这些，有兴趣的同学可以进一步研究。

四、巧设练习，深化思维

1. 练习指导，整理思维

（1）填空：物体的_____或_____的大小，就是它的面积。

（2）请给常用的面积单位排队：_____＞_____＞_____。

（3）判断：测量邮票、课桌面、黑板和操场的面积分别选用什么面积单位比较合适？你是怎么想的？

2. 学以致用，深化思维

师：开始上课时，同学们为我国的领土面积位居世界第三位而自豪，下面我们了解一下各国首都的人均绿地面积，再说一说你有什么感想。

（出示《部分国家首都人均绿地面积统计表》。）

生：应该加强国家的绿化建设，减少破坏环境的行为。

五、全课总结

师：今天你有什么收获？

（学生总结。）

师：我们不仅要学习书本的知识，还应该学习课外的知识，课后，大家可以利用互联网了解更多的知识。

教学反思

1. 发挥互联网的作用，让学生学以致用

本课的教学内容与学生的生活紧密联系。首先，家庭居住面积的大小是家长经常谈论的话题，学生对此有生活感知，于是，我安排了课前绘制户型图的活动，让学生感受面积的大小。其次，学生由于年龄和知识积累的缘故，对我国的

领土总面积没有更深刻的认识,在教学中,我利用资料引导学生了解各国的领土面积,直观地了解我国国土面积位居世界第三的情况,产生自豪感。最后,我再次通过出示资料引导学生了解世界各国首都人均绿地面积大小,对学生进行保护环境的教育。

2. 在充分的动手操作活动中,理解和建立概念

在学习面积单位时,让学生在动手操作中充分体会测量物体面积要用统一的标准,这个统一标准就是面积单位。这样的教学符合学生的认知探索规律,有利于学生形成对面积单位这一知识的认识。

3. 巧设情境,促进学生学习和探究

在导入部分,我组织学生开展涂色活动。这种轻松简单的活动,不仅可以活跃课堂气氛,调动学生的积极性,还可以使学生忘记课堂学习的压力,获得心灵的放松,学生思维的火花正是在这种环境中诞生的。

在学习面积单位时,我注重设计一系列探究性问题,通过列举正例、反例和变式,让学生理解引进面积单位的必要性以及选用正方形作为面积单位的合理性,不仅有利于学生知识体系的形成和构建,还能培养学生的探索意识和思维能力。

(所获奖项:一等奖)

专家点评

本教案中,教师设置了合理明确的三维教学目标,让学生理解面积的含义,认识面积单位,并体会到数学知识在实际生活中的重要应用。教师通过让学生比较不同图形的大小,认识到物体的表面和平面图形的大小就是物体的面积;在学习面积单位时,让学生通过观察比较两张纸的面积的大小以及实际操作,让学生充分体会到要测量物体的面积需使用统一的标准,从而认识了面积单位。

教学过程循序渐进,在教学开始时,教师通过介绍世界各国领土面积以及涂色比赛,激发学生的学习兴趣。在教学过程中,教师提出合理的问题,引发学生思考,激发学生强烈的求知欲,使学生在解决问题的过程中学习知识,发展思维;通过对比不同的图形,让学生动手操作,调动学生的积极性,使抽象的、静态的数学知识动态化,加深了学生对面积以及面积单位的理解和认识。在教学结束时,教师引导学生总结收获,让学生进一步明确了本课的学习内容,有效地巩固了知识。

(点评人:北京师范大学教育学部 鲁利娟)

创设美的情境，动手创造美
——"奇妙的剪纸"教案及评析

倪爱华[①]

教学背景

教学课时：1课时

教学准备：

1. 学生：准备剪刀、彩纸、剪纸作品。

2. 教师：制作多媒体课件；准备剪刀、彩纸；在互联网上收集与本课教学内容有关的素材。

教学目标

1. 通过实践活动，探究轴对称图形的基本特征，加强对轴对称图形的认识，进一步掌握图形的基础知识，并能解决简单的问题。

2. 在认识、制作和欣赏轴对称图形的过程中，感知物体或图形的对称美。

3. 通过参与创作、合作交流，激发对数学学习的积极情感，培养在实际生活中的创造性，启迪灵感，感受生活。

4. 感受劳动人民的高超技艺，培养民族自豪感。

教材分析

"奇妙的剪纸"是结合对轴对称图形的认识而安排的实践活动。首先，指导学生欣赏中国剪纸作品，介绍其艺术特点，使学生对轴对称图形与剪纸的密切关系形成认识；然后，让学生运用已获得的知识与技能独立或分小组进行自由创作；最后，让学生进行交流，加深对本课学习内容的认识。

---

① 倪爱华，江苏省镇江市江滨实验小学。

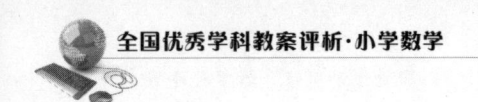

教学重难点

1. 利用轴对称图形的特点进行剪纸。
2. 从不同角度、用不同方式进行创作。

教学方法

引导学生在活动中合作交流、探索发现、动手操作。

教学过程

一、创设情境，激发兴趣

师：上一节课我们认识了一些轴对称图形和物体，发现它们是如此美丽。在我们的生活中经常可以看到对称，人们运用对称美创造了许多精美的艺术品。

（出示一张正方形纸和一把剪刀。）

师：大家仔细看我的操作。（演示）先把正方形纸对折，把对折后的三角形纸再对折两次，画上图案，用剪刀沿着线剪，最后展开。这是什么？

生：窗花。

师：对，这是一种剪纸。剪纸是人们运用对称的美进行创造的一种艺术。今天这节课，我们就一起走进剪纸的世界，去欣赏一些剪纸作品，去制作一些漂亮的剪纸图案。

【设计意图】《义务教育数学课程标准（2011年版）》（以下简称"新课标"）指出，学生数学学习的内容应该是现实的、有意义的、富有挑战性的。教师演示剪纸，让学生初步感受到剪纸的奇妙，在不知不觉中激发了学生探究新知的愿望，让他们进入了自主探究的积极状态。

二、作品赏析

师：剪纸是用一把剪刀和一张普通的纸创造出来的中国民间文化，又叫刻纸。这种古老的传统民间艺术已有 2000 多年的历史，深受国内外人士所喜爱。（板书：奇妙的剪纸）

（出示一些剪纸作品的图片。）

创设美的情境，动手创造美
——"奇妙的剪纸"教案及评析

师：你最喜欢哪一幅剪纸？
（学生对喜爱的作品进行交流，教师对其中的一些代表吉祥的图案进行解说。）

【设计意图】数学知识来源于生活，应用于生活。学生通过欣赏中国民间艺人的剪纸作品，体验剪纸作品的多种对称形式，既感受到了数学中的美，也欣赏到了民间艺人的心灵手巧。

三、作品分类

1. 观察分析

师：今天大家看到了这么多剪纸作品，它们可以分为不同种类。你能进行分类吗？
（小组讨论、分类。）

2. 研究方法

师：观察一下这些作品，它们有什么共同点？
（学生回答是轴对称图形时，教师可以请其他同学对折检验。）

师：大家想不想也做一名巧手小艺人，用剪刀来创作一些漂亮的图案？
（教师组织学生剪纸，提醒使用剪刀的注意事项。）

【设计意图】利用所学数学知识来验证生活中的实际问题，根据学生已有的经验指导他们总结出剪纸与轴对称图形的密切联系。

四、作品创作

1. 尝试创作

（出示枫叶图案，演示对折后的形状，再演示未剪的正方形对折纸样，摆在一起进行比较。）

师：它们有什么不同？
（学生回答。）

师：怎样剪出漂亮的枫叶呢？大家可以按照这样的顺序：一次对折—沿外边画轮廓线—剪去轮廓线以外的部分。

（学生独立制作，同桌交流、评价，展示优秀作品。）

师：为什么有的同学剪出的图案很漂亮，而有的同学剪出的图案稍有不足呢？大家能否谈谈自己的看法？

（学生讨论、交流。）

师：要剪得漂亮，对折要整齐，勾画的图案要美观，用剪要流畅。

2. 二次创作

（出示有关剪纸步骤的图片。）

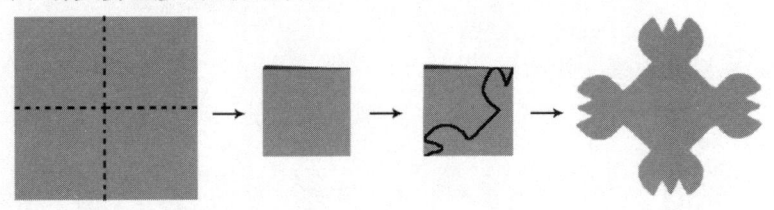

师：请同学们拿出一张正方形纸，按照大屏幕上的顺序动手试一试，看谁做得好。

（学生独自操作，教师巡视指导。学生小组交流，展示优秀作品。）

师：还有其他折法吗？

（学生采用沿对角线折法独自操作，完成作品。）

师：我们还可以怎样折？还可以折成几折来剪？

（学生回答。）

师：我们通过练习剪纸发现了很多剪纸的方法，但基本都是每次只剪出一幅图案。想一想，能不能一次剪出多幅图案呢？

（出示教材中用长方形纸叠剪花边的图案，学生按顺序完成，展示优秀作品。）

【设计意图】充分利用多媒体，给学生以直观的指导；主动向学生提出疑问，促使学生思考与发现，形成认识，学会独立获取知识和技能。

3. 独立创作

师：请大家看一段剪纸教学的视频。

（播放视频《如何剪窗花》，学生观看。）

师：剪纸大体可以分成三大类。第一类是阳刻，就是剪去轮廓线之外的空白部分，保留轮廓线；第二类是阴刻，就是剪去轮廓线，保留其他部分；第三类是阴阳混刻。

师：下面我们将进行独立创作，大家可以用对折的方式创作，也可以不用对折的方式创作，对纸张的样式也不限制。请同学们以小组为单位，制作一幅或两幅作品。

创设美的情境，动手创造美
——"奇妙的剪纸"教案及评析

（小组合作创作，展示优秀作品。）

【设计意图】学生结合视频和教师介绍进一步认识剪纸艺术的灵活多变，为自己的独立创作提供了想象空间。通过合作交流，学生的想象力得到进一步拓展，知识得到延伸。

五、全课总结

师：同学们创作的作品样式繁多，都很美观，这些作品与我们前面完成的作品有什么区别吗？

（学生讨论，教师引导。）

师：凡是通过对折后完成的剪纸作品，都是轴对称图形，没有经过对折而完成的剪纸作品则不是。为什么会出现这种情况？

（学生回答。）

师：对折时形成的折痕就是图形的对称轴，折痕的两侧是完全对称的。

六、课后作业

师：课后请大家浏览一些剪纸网站，互相交流交流。另外，每位同学都要利用轴对称的特征完成一幅剪纸作品，来美化我们的教室。

【设计意图】让学生课后浏览剪纸网站，并利用所学的知识进一步研究，把学生的思维从课内引向课外，激发了学生进一步探究新知识的愿望。

教学反思

这是一堂集欣赏与动手操作于一体的综合实践活动课。每个学生都有自己的生活背景、家庭环境，都有不同的生活经验和知识积累，要让学生在课堂上充分展示、交流，需要教师的激发和点拨。在本课中，我创设生动有趣的情境，构建以欣赏、活动为主的课堂教学模式，充分运用网络资源，激发学生的学习兴趣，使他们始终保持兴奋、愉悦的心理状态。课堂上我将学习与活动很好地结合起来，鼓励每一位学生动口、动手、动脑，积极参与数学的学习过程，取得了较好的效果。

1. 创设美的情境，激发学习兴趣

"爱美之心，人皆有之。"追求美、崇尚美是人的天性，儿童亦然。本节课一开始，我通过呈现一些美丽的剪纸作品，把学生带入一种美的境界，让学生体会我国民间艺术的绚丽，增强他们的民族自豪感，可以说是把思想教育很好地融会在了数学教学之中。

2. 实践操作，激活思维

我觉得活动课更应该把课堂还给学生，这样才能让课堂焕发生命的活力。本节课为了进一步深化学生对轴对称图形的认识，我让学生欣赏从互联网上收集到的剪纸作品，安排学生进行折、剪、画、议等一系列活动。这些活动很好地发挥了学生的动手能力和想象能力，激发了学生的学习兴趣。

3. 小组合作，发挥特效

由于小学中年级学生作图能力不强，要制作一个美观的轴对称图形有一定难度，因此，我根据一部分学生已会制作剪纸作品的实际情况，组织学生展开小组合作活动，取得了较好效果。

当然，本课教学中还有许多不足之处还需改进。

1. 学生对剪纸作品中的轴对称图形的认识还需要进一步引导和深化。

2. 让学生欣赏枫叶作品后，不应先讲解剪纸方法，而应该让学生自己动手试着剪一剪，在这一过程中由学生自己发现问题、提出问题，我再加以引导、归纳，这样更能让学生获得成功的喜悦。

3. 小组活动的时间不够充分，我的引导偏多，留给学生思考的时间少了些。

（所获奖项：一等奖）

专家点评

"奇妙的剪纸"作为一节动手实践课，需要学生在动手操作的同时进一步了解轴对称图形。从本教案中可以看出，教师在教学过程中注意锻炼学生的动手能力，设计的问题能引发学生思考，也激发了学生强烈的求知欲望。

在教学目标的设置上，教师不仅让学生在认识、制作和欣赏剪纸的过程中探究轴对称图形的基本特征，感受图形的对称美以及剪纸文化的魅力，同时也让学生体会数学在实际生活中的重要应用。在教学内容的安排上，教师通过课前让学生收集剪纸图片，提高学生信息检索能力；通过课中让学生欣赏剪纸作品，感受剪纸的魅力；通过对剪纸图案进行分类，锻炼学生的分析综合能力；通过动手制作剪纸的活动，充分锻炼了学生的动手操作能力，同时培养了学生的创造性思维。

教学过程的安排也较合理。在教学刚开始时，教师通过简单的剪纸操作，让学生初步体会到剪纸的奇妙，激发学生的学习兴趣。然后，通过对剪纸作品的欣赏以及一系列问题的思考，既激发了学生的学习兴趣，又使得学生深刻认识了对称图形的特征。小组或者个人制作剪纸的过程，使抽象的、静态的数学知识动态化，培养了学生的创造性思维。课后剪纸作业并未拘泥于一般形式，而是利用创造性的剪纸来装饰班级，从侧面加深了学生对班集体的热爱之情。

（点评人：北京师范大学教育学部　鲁利娟）

在探究、交流中感悟和提炼
——"认识成正比例的量"教案及评析

朱文娟[①]

教学背景

教学课时：1课时

教学准备：

1. 学生：复习竿高与影长的关系。
2. 教师：制作多媒体课件；在互联网上收集与本课教学内容有关的素材。

教学目标

1. 经历从具体实例中认识成正比例的量的过程，初步理解正比例的意义，学会根据正比例的意义判断两种相关联的量是不是成正比例。
2. 初步体会数量之间相依互变的关系，感受有效表示数量关系及其变化规律的不同数学模型，培养观察能力和发现能力。
3. 在丰富的数学学习材料中体验数学与生活的密切联系，感受数学思考过程的条理性，增强从生活现象中探索数学知识和规律的意识。

教材分析

正比例和反比例在日常生活和工农业生产中有着广泛的应用，是学生学习中学数学、物理、化学等知识的重要基础。本课教材通过列表的方式呈现了常见的路程与时间、总价与数量之间的关系，让学生经历正比例意义的形成过程，感知和体会成正比例的量的特点，从而理解正比例的意义。

---

① 朱文娟，江苏省扬中市第二实验小学。

教学重难点

1. 理解正比例的意义，能正确判断两种相关联的量是不是成正比例。
2. 体会数量之间相依互变的关系。

教学方法

从生活情境入手，鼓励学生借助已有的知识基础、生活经验，通过观察、比较、分析、归纳等数学活动，自主发现正比例的变化规律，理解正比例的意义，从而进行创造性、个性化的学习。

教学过程

一、情境引入，激发兴趣

1. 测量金字塔的高度

师：你想知道怎样测量金字塔的高度吗？让我们一起回到2600年前的古埃及，一起和古埃及的智者泰勒斯研究一下怎样测量金字塔的高度吧。

（出示关于古代埃及人测量金字塔高度的资料。）

2. 测量大树的高度

（出示数学活动课资料《大树有多高》。）

师：大家看竿高和影长的具体数据，你发现了什么？

（学生讨论、交流。）

师：在同一时间、同一地点，竹竿越高，影子越长；竹竿越短，影子越短。

3. 小结引入

师：像这样，一个量发生变化，另一个量也随之发生变化，就称它们是两种相关联的量。

【设计意图】设计测量金字塔的教学情境，是为了把学生放在一个解决问题的情境中，引发学生积极主动的思考。同时，学生在六年级上学期已经研究过这个知识，把新知与旧知紧密联系，有利于之后的学习。

二、引导探究，理解意义

1. 进一步理解相关联的量

（出示表格。）

表1　某一周天气变化情况统计

星期	周一	周二	周三	周四	周五	周六	周日
天气状况	晴	晴	阴	晴	阴	晴	晴

表2　六年级（1）班48名学生分组预测统计

组数	2	3	4	6	8	12	16	24
每组人数	24	16	12	8	6	4	3	2

表3　一辆汽车行驶的时间和路程统计

时间（小时）	1	2	3	4	5	……
路程（千米）	80	160	240	320	400	……

表4　购买一种铅笔的数量和总价统计

数量（支）	1	2	3	4	5	6	……
总价（元）	0.3	0.6	0.9	1.2	1.5	1.8	……

师：每个表格中的两个量是否相关联？为什么？

（小组讨论。）

师：表1中的两种量不相关联，因为星期和天气状况没有联系，天气状况不受星期影响。表2、表3、表4中的两种量都是相关联的量，因为它们都是一种量变化，另一种量也随之发生变化。今天，我们主要研究两种相关联的量，不研究不相关联的量。（去掉课件上的表1）

2. 研究两种相关联的量的变化特点

师：观察表2、表3、表4，每个表中两种相关联的量是怎样变化的？

（师生交流。）

师：我们今天主要研究一种量扩大或缩小，另一种量也随着扩大或缩小相同的倍数或缩小为原来的几分之一，也就是变化方向相同的两种相关联的量，以后再研究变化方向不同的两种相关联的量。（去掉课件上的表2）

3. 研究两种相关联的量的变化规律

师：在变中找不变是数学中的一个重要方法，表3和表4中的两种量在变化中有什么不变？

（学生回答。）

师：你能用一个数量关系式表示发现的规律吗？

（学生讨论、交流。）

4. 归纳、概括正比例的意义

师：表3和表4中的两种量都有哪些相同的特点？

（学生回答。）

师：如果用字母 x 和 y 分别表示两种相关联的量，用 k 表示它们的比值，正比例关系可以用怎样的式子来表示？

（学生回答，教师出示关系式。）

5. 判断两种量是否成正比例关系

师：你能根据正比例的意义判断表3、表4中的两种量是不是成正比例吗？怎样判断两种量是否成正比例？

（学生思考、回答。）

【设计意图】教材上直接呈现成正比例的例子，忽视了现实生活中还有很多不成比例或成反比例的例子，因而，我对教材合理加工，让学生在进一步理解相关联的量的过程中，明确今天研究的主题，在观察、比较、讨论、交流中层层深入，自然生成正比例的意义，自主建立概念的模型。

三、分层练习，巩固提高

1. 练习一

师：表中是某人看一本书的情况，判断表中的两种量是否成正比例，并说明理由。

已读页数	0	1	2	……	30
未读页数	30	29	28	……	0

（小组讨论、交流。）

师：为什么已读页数与未读页数这两个量不成正比例？

（学生回答。）

2. 练习二

师：正方形的面积和边长为什么不成正比例？

（学生讨论、回答。）

师：即使是变化方向相同的两种相关联的量，如果比值不一定，也不成正比例。

3. 练习三

师：圆的半径与周长成正比例吗？圆的半径和面积呢？如果没有任何数

据，如何能准确判断这两个量呢？

（学生回答并尝试列举数据。）

圆的半径（厘米）	1	2	3	4	……
圆的周长（厘米）	6.28	12.56	18.84	25.12	……
圆的面积（平方厘米）	3.14	12.56	28.26	50.24	……

师：不列举数据，你能应用公式判断吗？

（小组讨论、交流。）

【设计意图】练习是掌握知识、形成技能、发展思维的重要手段。针对本节课的教学重难点，有层次、有针对性地设计上述练习，先巩固正比例概念，再辨析反例，由具体逐步到抽象，不仅巩固和加深了学生对正比例意义的理解，还渗透了学习方法的指导。

四、首尾呼应，总结深化

1. 回到课前

师：在同一时间、同一地点，不同物体的高度与影长成正比例吗？为什么？

（学生回答。）

师：泰勒斯是怎样借助这个规律来测量金字塔的高度的？

（学生回答。）

2. 总结全课

师：今天这节课我们学习了什么内容？你有什么收获？还有什么疑问？

（学生总结、提问，教师释疑。）

3. 课后思考

师：生活中还有哪些量是成正比例的呢？你能举些例子吗？下节课我们再一起说一说。（出示开始的表2）这种变化方向相反的两种相关联的量又是什么关系呢？

【设计意图】教学首尾呼应，浑然一体。引导学生进行必要的课堂学习反思，有利于学生养成良好的反思习惯。课后思考题能引导学生带着问题走出课堂，激发学生的求知欲，促进学生进行更深入的探究学习。

教学反思

整节课的教学关注了学生的学习过程，真正体现了让学生在探究、交流中感悟和提炼，较好地达成了预设的目标。

苏联教育家苏霍姆林斯基说："在人的心灵深处，都有一种根深蒂固的需要，这就是希望自己是一个发现者、研究者、探索者。而在儿童的精神世界中，这种需要特别强烈。"我从"怎样测量金字塔的高度"这一问题引入，一下子就将学生引入思考、探究的氛围之中。之后又呈现出四个表格，让学生在层层比较、分析中理解什么是相关联的量、两种相关联的量是怎么变化的，然后在观察、对比中发现其异同点，提炼出正比例的意义。

这节课遗憾的地方还有很多。比如，在引导观察、对比、总结正比例意义时有点操之过急，没有兼顾到学困生。又如，分层练习时概念变式可以再宽泛些，思考交流的时间也可以再充裕些。

（所获奖项：一等奖）

专家点评

"认识成正比例的量"是一节抽象的初步具有函数思想的课程。从教案中可以看出，教师具有扎实的专业基础，教学过程中能灵活运用多种教学方法，激发学生强烈的求知欲望，而且，不同类型的练习都加深了学生对学习内容的理解。

本课教学让学生初步理解了正比例的意义，并能正确判断出两种相关联的量是否成正比例，在学习的过程中培养了学生观察和发现规律的能力，并让学生体会到数学与实际生活的密切联系，教学目标达成效果较好。教学内容设置合理，教师首先由几组不同组合的数据引出相关联的量，再通过对两组相关联的量进行总结，归纳出正比例的含义，然后通过各种不同形式的练习加深学生的理解，最后回顾了一下教学重点以巩固学生的学习效果，让学生对本课教学内容有了较深刻的理解。

不足之处在于，课上更多的是传统的教师讲授，留给学生思考和交流的时间较少，在以后的课堂上，教师可以给学生留出更多的思考和学习的时间，让学生进行主动发现式的学习。

（点评人：北京师范大学教育学部　鲁利娟）

善用互联网，培养自主探究能力
——"三角形的内角和"教案及评析

张耀德[①]

教学背景

教学课时：1课时

教学准备：

1. 学生：每组自制多个锐角三角形、直角三角形、钝角三角形卡片；利用互联网预习本课内容。

2. 教师：制作多媒体课件；准备锐角三角形、直角三角形、钝角三角形卡片；在互联网上收集与本课教学内容有关的素材。

教学目标

1. 通过测量、剪拼、折纸等方法，探索和发现"三角形内角和等于180°"。

2. 已知三角形任意两个角的度数，会求第三个角的度数。

3. 培养动手动脑及分析推理的能力，在探索中体验发现的乐趣。

4. 能运用所学知识解决实际问题。

教材分析

"三角形内角和等于180°"是三角形的一个重要特征，本课是在学生学习了三角形的概念及其分类之后进行的，它是学生以后学习多边形的内角和及解决其他实际问题的基础。

[①] 张耀德，广东省佛山市乐平镇中心小学。

教学重难点

1. 探索和发现"三角形内角和等于180°"。
2. 通过探索、验证等活动，培养分析推理能力，促进数学思维发展。

教学方法

本节课以活动为主线，以创新为主旨进行教学，指导学生通过量一量、拼一拼、折一折等实践活动，亲身体验和感悟"三角形内角和等于180°"的结论。同时，采用动手操作、自主探索、小组合作等方式，让学生学会操作、观察、比较、分析、概括、归纳，学会想象和用所学知识解决实际问题，从而真正掌握数学思想方法。

教学过程

一、复习旧知，引出话题

（出示关于三角形的资料。）

师：我们先回忆一下，三角形各部分的名称是什么？三角形有哪些特点？三角形分为哪几类？

（学生回答。）

二、揭示课题，大胆猜想

1. 揭题

师：大家对三角形这么熟悉，那你能画吗？

（学生画三角形。）

师：下面画难度大一点的，请画一个有两个直角的三角形。

（学生尝试画，但画不出来。）

师：为什么画不出来呢？我想，三角形的三个角一定藏有什么奥秘吧！这节课，我们就一起来研究一下"三角形的内角和"。（板书课题）

2. 理解"内角和"

师：什么是三角形的内角？内角和指什么？

（小组交流、回答。）

3. 猜一猜

师：大家猜一猜，三角形的内角和是多少度？

（小组讨论、猜测。）

三、实践活动，勇于求证

师：如何利用你手头的工具验证你的猜想？

（小组边讨论，边操作。）

师：下面请每组派一个代表来说一说你们是如何验证的。

（小组汇报，教师引导学生总结验证方法。）

师：刚才，我们运用了三角板测量、剪拼、折纸等方法，都验证了三角形的内角和确实是180°。

（播放视频《三角形内角和定理的证明》。）

四、阅读教材，吸收知识

师：阅读课本，看看书上是怎样阐述的。

（学生自读。）

五、巧设疑问，加深理解

师：把两个直角三角形拼成一个大的三角形，拼成的三角形的内角和是多少度？把一个大的三角形随意分成两个大小不一的小三角形，每个小三角形的内角和是多少度？

（学生讨论、回答。）

师：任何三角形的内角和都是180°。认为大的三角形内角和较大，小的三角形内角和较小，这是错误的。

六、回忆操作，解释疑问

师：刚才为什么画不出含有两个直角的三角形？那能画含有两个钝角的三角形吗？为什么？

（学生回答。）

七、数学游戏，乐中求知

师：我们用电脑玩这样一个游戏，用函数设定三个空格，只要三个空格里填出的度数和是180°，电脑就会自动绘制出与所填度数相符的三角形，如果空格所填的度数和不是180°，电脑就会出示警告。

（让学生随意说出能合成180°的三个度数，让电脑自动绘制三角形。）

师：在出示图案前，大家先想一想，所画的是什么三角形，并用手指描画一下。

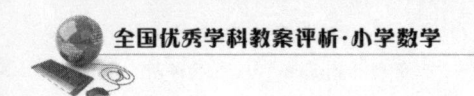

八、师生互动，拓展提高

1. 求未知角的度数

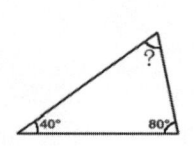

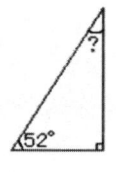

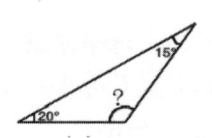

2. 求三角形各个角的度数

   我三边相等。

   我有一个锐角是40°。

   我是等腰三角形，顶角是96°。

3. 实际应用

   埃及金字塔建于4000多年前的古埃及，是用巨大石块修砌的方锥形建筑物，外形像中文"金"字，故名"金字塔"。金字塔的大小、高矮各异，外表有四个侧面，每个侧面都是等腰三角形。人们量得这个三角形的一个底角是64°。同学们，你能用今天学习的知识，帮忙算一算三角形的顶角是多少度吗？

4. 求∠1的度数

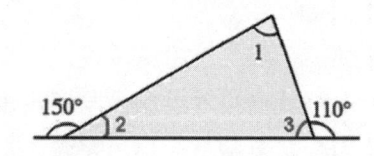

九、课内考评，接受挑战

师：下面我们用练习题测验一下，看看学习的效果。

（出示练习题，学生独立完成，小组互评。）

十、师生交流，体验成功

师：通过学习，谈谈你有什么收获以及感受最深的是什么。

（学生总结。）

教学反思

我巧妙地运用这份教学设计进行"三角形的内角和"教学，取得了良好的教学效果。其中较为成功的地方有以下几个方面。

1. 成功发掘互联网中的数学知识

互联网是一个世界规模的信息和服务资源，它不仅为人们提供了各种各样简单快捷的通信与信息检索手段，更重要的是为人们提供了巨大的信息资源和服务资源。通过使用互联网，全世界范围内的人们既可以互通信息，交流思想，又可以获得各个方面的知识、经验和信息。互联网的使用也为广大教师收集教学资料提供了便利。

2. 科学利用互联网，提高课堂教学效率

几何知识具有一定的抽象性，对空间想象能力较差的学生来说有一定的难度。所以，课前我指导学生在家利用互联网进行预习，既培养了学生自主探索知识的能力，又为新授知识打下了基础；课内我恰当地借助图片、视频等资源，降低教学难度，拓宽了学生的知识面，提高了课堂教学效率。

3. 重视培养学生解决问题的策略意识，发展学生的思维

教学时，我指导学生通过量一量、拼一拼、折一折等实践活动，亲身体验和感悟"三角形内角和等于180°"的结论，降低了学习难度。同时，在教学中，设置富有开放性和挑战性的问题，让学生通过讨论、交流去探求知识，既达到了愉快教学的目的，又真正拓展了学生的思维，提高了学生解决问题的策略意识。

（所获奖项：一等奖）

专家点评

本课教学目标设置合理明确，教学过程循序渐进。教师首先让学生通过探索和验证等活动发现三角形内角和是180°，培养了学生的分析推理能力，促进了学生思维的发展；通过让学生课前检索课程的相关资料，课中小组讨论和动手操作探索知识并解决问题，最后回归课本巩固知识，通过各种变式练习加深学生对课程内容的理解。

本教案教学形式多样化，学生课前检索了课程相关资料，对教学内容有了初步的认识和思考，既提高了学生的信息检索能力，也让学生带着问题来上课。通过对三角形相关知识的简单回顾以及提出的问题引入新课，激发了学生的求知欲。小组讨论及动手操作，使抽象的静态知识动态化，也使学生在探索中发现知识。课堂练习形式多样，既巩固了本节课的知识，又提高了学生解决问题的能力，促进了学生创造性思维的发展。

　　值得借鉴的是，在教学过程中，教师能够将信息技术与传统的教学手段相结合，用信息技术优化了教学，而传统教学手段又突出了重点，有效地促进了教学目标的实现。

（点评人：北京师范大学教育学部　鲁利娟）

概念与计算相结合，讲解与操作互渗透
——"圆的周长"教案及评析

曹艳翠[①]

教学背景

教学课时：1课时

教学准备：

1. 学生：每人准备直径分别为2厘米、3厘米、4厘米的圆形硬纸板、尺子。

2. 教师：制作多媒体课件；准备圆的教具，电风扇；在互联网上收集与本课教学内容有关的素材。

教学目标

1. 通过小组合作探究，理解圆周率的意义。
2. 通过对比分析，掌握圆的周长的计算公式。
3. 用圆的周长的计算公式解决一些简单的数学问题。
4. 通过计算圆周率，渗透爱国主义的思想。

教材分析

学生以前已经学过直线图形，上节课又初步认识了圆，这些知识为对本课的学习打下了扎实的基础。教材通过一系列操作活动，让学生在观察、分析、归纳中理解圆的周长的含义，经历圆周率的形成过程，推导圆的周长的计算方法，为学生以后学习圆的面积及圆柱、圆锥等图形的知识打下基础。

[①] 曹艳翠，吉林省梅河口市一座营学校。

教学重难点

1. 推导圆的周长的计算公式，准确计算圆的周长。
2. 理解圆周率的意义。

教学方法

本课采用实践感悟、协同探索、抽象概括等教学方法。

教学过程

一、创设情境，生成问题

师：同学们，你们已经认识了圆，今天我们一起来学习"圆的周长"。那么什么是圆的周长呢？（拿出圆的教具）请指出我手中这个圆的周长。

（学生回答。）

师：请你摸一下自己准备的圆的周长，再想一想它与过去学过的长方形、正方形的周长有什么不同。

（学生讨论、交流。）

生：圆的周长是一条封闭的曲线。

（出示 2008 年北京奥运会金牌图片。）

师：这是什么？要知道它的周长，该怎么做？

生：这是一枚金牌，要知道它的周长，可以采用滚、绕的方法。

（实物直观演示：电风扇吹风。）

师：电风扇叶子转动形成的是什么图形？

生：圆形。

师：要知道这个圆的周长能用滚和绕的方法吗？

生：不能。

师：我们现在来探索能求出所有圆的周长的方法，先请你猜想一下圆的周长与什么有关。

（学生思考。）

二、探索交流，解决问题

1. 探索圆周率的意义

师：请用你喜欢的方法测量准备好的圆的周长、直径，并依次记录下来，再仔细观察记录的内容有没有什么规律。

（小组合作，学生反馈，教师贴圆并记录。）

周长	直径
6厘米多	2厘米
9厘米多	3厘米
12厘米多	4厘米

2. 引出圆周率

（出示有关祖冲之的资料。）

师：读了这段话后你有什么想法？其中涉及了圆周率，那圆周率到底是什么呢？

（学生回答，教师板书：圆周长÷直径＝圆周率，$\pi = 3.1415\cdots\cdots \approx 3.14$。）

3. 探索圆的周长的公式

（播放视频《圆的周长》。）

师：如果知道了圆的直径，你能求出它的周长吗？

（学生回答，教师板书：圆周长＝直径×圆周率。）

师：用字母如何表示？

（学生回答，教师板书：$C = \pi d$。）

师：如果知道了圆的半径，你能求出它的周长吗？

（学生回答，教师板书：$C = 2\pi r$。）

4. 巩固练习

（出示圆形花坛图片。）

师：圆形花坛的直径是20米，它的周长大约是多少米？

（学生计算、回答。）

师：小自行车车轮的直径是50厘米，绕花坛一周车轮大约转动多少周？

（学生独立解答，交流汇报，共同订正。）

三、巩固应用，内化提高

1. 分析对比

师：分别求直径是10米和半径是10米的圆的周长。

（学生独立解答，小组交流。）

师：为什么数据都是10米，周长却不一样呢？

（学生回答。）

2. 课本练习题

（学生独立解答。）

3. 判断题

（1）圆周率就是圆的周长除以直径所得的商。

（2）圆的直径越长，圆周率越大。

（3）$\pi = 3.14$。

四、拓展延伸，反思提升

师：本节课你学到了哪些知识？你有什么收获？

（学生总结。）

师：如果还有不明白的，课下可以通过互联网搜索相关视频《圆的周长公开示范课》，自己看一看。

> **教学反思**

本节课是学生在学习了正方形和长方形，初步认识了圆的基础上，进而掌握和了解的内容。本课的重点是圆的周长的计算方法，难点是圆的周长的计算公式推导过程以及对圆周率意义的理解。

　　本节课，我主要利用互联网上的视频及图片等素材，使学生通过自主探究、合作学习，掌握基本知识，掌握学习方法，培养数学素养，让学生学会分析、学会分工、学会分享，体现了合作探究的新课改思想。

（所获奖项：一等奖）

专家点评

　　本课教学设计，教学目标明确，教师注重让学生在探索中理解圆周率的意义，掌握圆的周长的计算方法，并体会数学在实际生活中的重要应用。通过让学生亲自动手尝试测量圆的周长而发现可能存在的规律；通过展示祖冲之以及圆周率的资料，引出圆的周长的计算公式；通过相关练习题，巩固了学生对圆的周长的理解，最终达到教学目标。

　　教学过程设置科学、合理，教师创设了一定的问题情境并出示了与圆形相关的一些图片，引发学生的思考并激发了学生的学习兴趣；通过小组合作探索圆的周长，找出可能的规律，引导学生主动发现、学习。在学生思考后，教师又展示了祖冲之以及圆周率的资料并让学生推导圆的周长的计算公式，进一步加深了学生对如何计算圆的周长的理解和认识。教学结束前的与计算圆的周长相关的各式练习也加深了学生对教学目标的掌握，实现了举一反三的教学效果。

（点评人：北京师范大学教育学部　鲁利娟）

由浅入深，由简到繁，逐步解决问题
——"植树问题"教案及评析

张小鸿[①]

▍教学背景

教学课时：1课时

教学准备：

1. 学生：上网查询棵数、间隔、间隔距离、间隔数、总距离这几个概念的意思。

2. 教师：制作多媒体课件；在互联网上收集与本课教学内容有关的素材。

▍教学目标

1. 理解间隔的概念，知道间隔数与棵数之间的关系，初步构建植树问题的数学模型，能根据数学模型解决简单的实际问题。

2. 能够应用本节所构建的植树问题的数学模型及探寻到的规律，针对实际情形灵活地解决问题。

3. 感受数学在日常生活中的广泛应用，培养数学应用意识和解决实际问题的能力。

▍教材分析

教材将植树问题分为线段（两端都栽）及环形等几种不同的情况，让学生选用自己喜欢的方法来探究植树棵树和间隔数之间的关系，经历猜想、验证、推理、总结等数学探索的过程，并启发学生透过现象发现其中的规律，抽取出数学模型，再回归生活，解决实际问题。

[①] 张小鸿，重庆市石柱县南宾小学。

教学重难点

1. 会应用植树问题的规律解决一些相关的实际问题。
2. 用线段图解决生活中的数学问题，构建数学模型，探寻规律。

教学方法

本课采用游戏法、探究法、情境教学法。

教学过程

一、创设情境，提出问题

1. 课前小游戏

师：同学们，我们来做个小游戏好吗？请大家伸出你们的左手，有几个手指头？

生：5个。

师：那么有几个间隔呢？

生：4个。

师：请大家伸出4个手指头，看看有几个间隔。3个呢？2个呢？

（学生回答。）

师：由此可以得出什么结论？

生：手指头的个数比间隔多1，反过来，间隔比手指头的个数少1。

师：大家可不可以推论一下，如果把手指头看成一个点，我们可以怎么说？

生：点数比间隔多1，反过来间隔比点数少1。

【设计意图】加深对间隔概念理解的目的是为下面植树问题中间隔的介入埋下伏笔，使学生切实理解间隔的概念，在游戏中感知点数与间隔的关系，拓展思维空间。

2. 谈话引入

（出示重庆市南宾小学网。）

师：同学们，喜欢我们美丽的校园吗？为了使它更漂亮，我们来为校园设计绿化方案，愿意接受任务吗？我们来给校园设计花坛怎么样？

生：好！

师：一个是周长为80米的圆形花坛，在它的周围每隔20米种上一棵银杏树；另一个是长为80米的条形花坛，在一边（长边）每隔20米种上一棵银杏树，两端都要栽。请大家猜一猜，这两个花坛分别需要种多少棵树？

（学生讨论、回答。）

3．验证猜测

（出示学生猜测的结果。）

师：这是猜测的结果，大家能不能想个办法来检验你们的猜测呢？

生：可以画图。

生：也可以计算。

二、自主探索，解决问题

师：好，请用自己喜欢的方法检验一下。

（学生操作、汇报，教师随着学生的汇报操作课件，动态演示植树的过程。）

【设计意图】通过课件的动态演示，学生很容易发现间隔数与所栽棵数之间的规律，这种动态效果不仅让学生身临其境地看到了间隔与棵数之间的关系，轻松地突破了难点，也能让学生感受到数学源于生活，与生活是紧密相关的。

师：老师有点纳闷，为什么两个花坛要栽的树的总距离和间隔距离都相等，可是条形花坛需要的树就多了一棵呢？这多的一棵从哪里来的？大家讨论讨论。

（学生讨论、回答后，教师用课件动态演示把圆形花坛从一棵树的地方截断变成一条线段。）

师：因为圆形是一个封闭图形，没有端点，最后的一棵树和开始的一棵树是同一棵；而条形花坛是一条线段，它有两个端点，因为要求两端都要栽树，最后的一棵在一个端点上，而开始的一棵在另一个端点上，所以多出来一棵。

师：大家用画图的方法检验了自己的判断，看来画图是检验问题的一种很好的方法。还有不同的检验方法吗？

生：还可以用计算的方法。

师：能说说你的方法吗？

生：圆形花坛需要的树为 $80 \div 20 = 4$（棵），条形花坛需要的树为 $80 \div 20 + 1 = 5$（棵）。

师：大家可以试着说一下两个数量关系式吗？

生：圆形花坛植树棵数＝总距离÷间隔距离。

生：条形花坛植树棵数＝总距离÷间隔距离＋1。

师：什么情况下不加1？什么情况下要加1呢？

（学生讨论。）

生：是一个封闭图形时，它没有端点，所以不加1；是一条线段时，它有两个端点，因为要求两端都要栽，所以要加1。

三、深化练习，拓展延伸

师：现在用我们掌握的知识来解决实际问题，好不好？老师出了几道星级题目，大家敢挑战吗？

1. 初级挑战

一颗星题目：

（1）圆形运动场的一周全长是150米，如果沿着这一圈每隔5米栽一棵树，一共需要栽几棵树？

（2）在一条长1800米的水渠一边植树，每隔3米植一棵树，两端都植，共植多少棵？

师：请大家拿出老师为大家准备的题卡。

（学生独立计算，集体订正答案。）

2. 中级难度

师：大家能很快解决了问题，不错，现在老师可要加大难度了哦。

两颗星题目：

（3）动物园的大象馆和猩猩馆相距60米。绿化队要在两馆间的小路一旁栽树，相邻两棵树之间的距离是3米，一共要栽几棵树？

师：大家读完这道题后能发现题目里的关键词吗？

生："两馆间"和"小路一旁"。

（学生独立计算，集体订正。学生归纳，教师板书：线段两端都不栽的植树棵数＝总距离÷间隔距离－1。）

师：如果老师把小路一旁栽树改为两旁栽树又该怎么做呢？

（学生独立计算，集体订正。）

师：这就是我们今天解决的植树问题。（板书课题）请大家思考一下，生活中哪些现象属于植树问题？

（小组讨论。）

师：植树问题在生活中的应用很广，如安装路灯、锯木头、时钟正点敲打时所用时间等，都是利用这方面的知识解答的。

3. 高级难度

师：以下这些题留给大家课后思考，看你们能不能算出来。

三颗星题目：

（4）时钟6时敲6下，5秒敲完。那么，这只钟12时敲12下，几秒敲完？

（5）一根木料锯成3段要8分钟。如果每锯一段所用的时间相同，那么锯成7段需要花几分钟？

（6）李大爷以相同的速度在布满电线杆的小路上散步。电线杆的间距相等，他从第1根电线杆走到第12根电线杆用了22分钟。他如果走36分钟，应走到第几根电线杆？

四颗星题目：

（7）在一条长75米的长廊一边摆花盆，起点和终点都摆，一共摆了26盆。相邻两盆花之间的距离相等，相邻两盆花之间相距多远？

【设计意图】在解答习题过程中，由于有了练习时的及时提醒，再加上题中问题的变化，让学生知道该如何将这一数学模型灵活地运用于实际问题中，从而提高了学生灵活解题的能力。

四、课堂小结

师：今天我们讲了两种植树类型的习题，大家都听懂了吗？在我们的日常生活中，植树的情况有很多，有的是沿一条线段植树，有的是沿一条首尾相接的封闭曲线植树。但即使是一条线段的植树问题，也可能有不同的情况，所运用的公式也会随之变化。因此，在今后的学习中，我们要根据不同的情况总结出不同的规律，并利用这些规律来解决类似的问题。

> 教学反思

本节课的主要目标是向学生渗透解决复杂问题要从简单问题入手的思想，使学生有更多的机会从周围的事物中学习和理解数学，体会数学就在身边，体验数学的魅力。因此在设计这节课时，我主要运用了这样的教学理念：以问题情境为载体，以认知冲突为诱因，以数学活动为形式，使学生经历生活数学化、数学生活化的全过程，从中学到解决问题的思想方法。以此为基础，根据学生的认知规律，我设计了四个环节：通过课前活动，以大家都熟悉的手为素材，让学生初步认识间隔，感知间隔数与手指数的关系；以一道植树问题为载体，营造突破全课教学重难点的高潮；以生活中植树问题的应用为研究对象，引导学生了解植树问题的实质；多角度应用练习巩固，拓展学生对植树问题的认识。

反思整个教学过程，我认为这节课有以下几点做得比较好。

1. 创设浅显易懂的生活原型，让数学走进生活

创设与学生的生活环境和知识背景密切相关的、学生感兴趣的学习情境，有利于学生积极主动地投入到数学活动中。上课伊始，我以学生的小手为素材，引入植树问题。学生在手指并拢、张开的活动中，立刻发现手指的个数与间隔数之间相差1。

2. 注重学生的自主探索、体验探究之乐

体验是从旧知识向隐含的新知识迁移的过程。教学中，我创设了情境，向学生提供多次体验的机会，为学生创设了一种民主、宽松、和谐的学习氛围，给了学生充分的时间与空间。如果说生活经验是学习的基础，生生间的合作交流是学习的推动力，那么借助图形帮助学生理解则是学生构建知识的拐杖，有了这根拐杖，学生才能走得更稳、更好。因此，在教学过程中，我十分注重对数形结合意识的渗透。

（所获奖项：一等奖）

专家点评

本课教学目标明确，让学生通过观察、猜想、探索、交流等方式发现间隔数与棵数之间的关系和规律，能够用这种规律举一反三地灵活解决生活中类似的问题，体会到数学在实际生活中的重要应用。在教学内容设置上，教师让学生课前检索并预习教材，提前熟悉教学内容，课内创设问题情境，让学生自主探索规律，教学结束前通过难度依次递增的练习题，巩固学生对新知识的理解，合理的设置保证了教学目标的顺利达成。

本课教学过程完整而流畅，课前学生预习了教学内容并检索了相关概念，对教学内容有了初步的认识和思考，且能带着问题进入课堂教学。在教学开始时，教师以小游戏以及所创设的与实际生活相关的问题情境作为导引，引发学生思考并激发学生的学习兴趣；然后，让学生通过自主观察、探索、验证去发现规律，充分体现了探究学习的思想；最后在对规律进行总结归纳后，通过练习，促进了教学目标的实现，达到举一反三的教学效果。此外，教师引导学生解决与实际生活相关的问题，也使学生体会到数学在生活中的广泛应用。

（点评人：北京师范大学教育学部　鲁利娟）

联系实际，巧妙学习
——"组合图形的面积"教案及评析

王 宾[①]

▌教学背景

教学课时：1课时
教学准备：
1. 学生：准备用彩色卡纸剪成的各种学过的基本图形。
2. 教师：制作多媒体课件；准备各种基本图形；在互联网上收集与本课教学内容相关的素材。

▌教学目标

1. 理解计算组合图形的面积的各种方法，能根据各种组合图形的条件有效地选择计算方法并正确解答，能解决生活中有关组合图形的实际问题。
2. 培养探索新知识、分析问题的能力以及综合运用所学知识解决问题的能力。
3. 提高对探究新知识的兴趣，体验身边处处有数学的思想。

▌教材分析

"组合图形面积"是在长方形、正方形、平行四边形、三角形和梯形这五个基本图形的面积公式学习之后，进行的一种由形象到抽象的学习。解题的基本理念是将组合图形转化为基本图形进行计算，需要发散学生的思维。学生在以前学习的基本图形面积计算知识的基础上学习组合图形的面积计算，一方面可以巩固已学的基本图形，另一方面也能将所学的知识进行整

---

① 王宾，黑龙江省佳木斯市汤原县第一小学。

联系实际，巧妙学习
——"组合图形的面积"教案及评析

合。将解决问题的思考策略渗透在教学过程中，能有效提高学生的综合能力。

教学重难点

1. 能根据各种组合图形的条件，有效地选择计算方法，并进行正确的解答。
2. 知道如何选择有效的计算方法解决问题。

教学方法

本课采用直观、对比的教学方法及小组合作的学习方法，以多媒体辅助教学等手段，引导学生自主探索组合图形的面积的多种方法，启发学生思考问题，引导学生找到解决问题的最佳策略，培养学生学习数学的兴趣。

教学过程

一、激趣导入

师：老师这里有一个神秘的宝盒，你们想知道这里面藏着什么吗？请同学们来摸一摸。

（学生摸出图形，教师贴在黑板上，包括长方形、正方形、三角形、平行四边形和梯形。）

师：怎样计算这些图形的面积呢？

（学生回答。）

师：老师为你们准备了礼物，快拿出来拼一拼，粘在白纸上，看谁拼的图案最漂亮。

（学生拼图案。）

师：展示一下你们拼的图案，说说拼的是什么，是由什么图形拼成的。

（学生展示、介绍。）

师：这些图形都是由两个或两个以上基本图形拼成的，叫作组合图形。这节课我们一起来探索组合图形的面积。（板书课题：组合图形的面积）

二、探究新知

师：老师最近正在装修房子，可是遇到了困难，你们愿意帮忙吗？老师打算在客厅铺上地板，请同学们帮老师做一下预算，估计一下至少要买多大面积的地板，再实际算一算，并与其他同学交流。

(出示客厅地面平面图。)

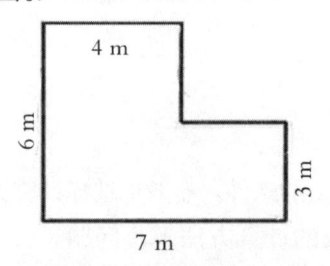

```
        4 m
     ┌──────┐
  6 m│      │
     │      └────┐
     │           │ 3 m
     │           │
     └───────────┘
         7 m
```

(学生说估计值及其依据,教师板书。)

师:刚才我们只是估计一下,但在买的时候,买多了浪费,买少了还要再去买,太麻烦了,所以我们必须求出实际的面积。但我们没有学过求这种图形的面积,怎么办呢?

生:可以把它转化成我们学过的图形,再求面积。

师:下面请大家进行小组合作探索,组长记录,小组同学分别说一说自己的想法,并在图中画出来,看看大家能想出几种简便易行的方法。

(小组讨论交流,教师巡视指导。)

师:说说为什么这样分割。

(小组汇报。)

师:为了和原线段区分开,后添加的线段要画虚线,这条虚线是为了辅助完成这道题的,所以叫作辅助线。

师:你们觉得哪种方法最简单,为什么?

(学生回答。)

师:分割或添补得越简单,计算起来就会越简便。(板书:分割法、添补法)这两种方法在计算时有什么不同吗?现在选择一种你最喜欢的方法,计算出图形的面积。

(学生在黑板上演示,教师检查订正。)

师:只有选择了简便易行的方法,我们求组合图形的面积才会又快又准。

三、实际应用

1. 这里有两个鱼缸,请你选择最简便的方法把它们转化成我们学过的图形。

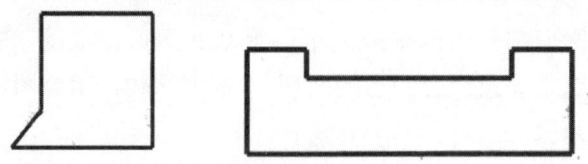

2. 学校要油漆 60 扇教室的门(如下图)的外面。
(1) 需要油漆的面积一共是多少?

（2）如果油漆每平方米需要花费 5 元，那么共要花费多少元？

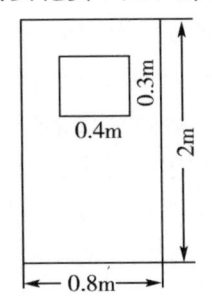

四、课堂总结

师：说说这节课大家有什么收获。

（学生总结。）

师：在我们的生活中，数学无处不在，运用我们学过的数学知识来解决身边的难题，是多么快乐的一件事呀！让我们一起学好数学吧！

五、课外练习

师：在你身边找出一两处组合图形，先估计一下它们的面积，再选择你认为最简便或最适合自己的方法，动手算一算。

教学反思

本节课，我通过组织学生进行拼图活动，激发了学生主动学习和参与的兴趣，使学生由动手操作到离开实物在图形上画辅助线，实现了由具体到抽象的跨越，又经过多媒体课件的辅助，继而探索出多种解决问题的方法。教学中，无论学生用哪种方法解决这些问题，我都给予肯定、表扬，不强求学生思维的一致性，而是充分发挥学生的自主性。通过小组合作学习，让每个学生发表自己的观点，倾听同伴的想法，相互学习，引导学生认识到数学就在自己身边，数学就在自己的生活中。

不过，在课堂上，有些环节我没有放手让学生去做，而是在我的带领下完成，因此，学生独立探究问题的积极性没有得到充分的发挥。

（所获奖项：一等奖）

专家点评

"组合图形的面积"是在学生学习了长方形、正方形、平行四边形、三角形和梯形的面积的基础上进行的教学，学生通过本节课的学习巩固了所学知识，提高了综合能力，同时体会到数学在生活中的广泛应用。

　　本课教学目标设置合理、明确，教师通过让学生观察分析组合图形，选择有效的计算方法解决生活中组合图形的面积问题，使学生体会到了数学在实际生活中的应用。在教学中，教师创设了一系列与实际生活相关的问题情境，引导学生思考和讨论，让学生在观察、分析以及解决问题的过程中掌握组合图形的面积的计算方法，最终达成教学目标。

　　上课伊始，教师将与教学内容相关的小游戏作为导引，使学生理解组合图形的含义并激发学生的学习兴趣。教师创设问题情境，让学生通过观察、分析找到了解决问题的方法，掌握了利用分割和添补计算组合图形的面积的方法，充分体现了探究发现学习的思想，同时也促进了学生的思维的发展。最后，教师通过与组合图形相关的练习加深学生对教学内容的掌握，引导学生解决与实际生活相关的问题，使学生体会到数学在生活中的广泛应用。

（点评人：北京师范大学教育学部　鲁利娟）

激活已有生活经验，开启学生思维空间
——"24时记时法"教案及评析

张继攀[①]

教学背景

教学课时：1课时

教学准备：

1. 学生：每人准备一个钟面，一些标有时间的物品，如车票、电影票、作息时间表等。

2. 教师：制作多媒体课件；准备钟面，24时彩条；在互联网上收集与本课教学内容有关的素材。

教学目标

1. 理解普通记时法与24时记时法之间的联系与区别，能正确地把用24时记时法表示的时间与普通记时法表示的时间互换。

2. 体会24时记时法在日常生活中的应用，建立时间观念，会合理安排作息时间。

3. 通过多种形式的交流和讨论，建立时间观念，养成珍惜时间的好习惯。

教材分析

本节课是在学生学习了时、分、秒的知识的基础上，继续学习24时记时法的相关知识。时间的知识在日常生活中无处不在，学生每天起床、吃饭、上课、下课都要按照一定的时间来安排，学生在生活中已经潜移默化地感知了"时间"这一抽象概念的存在，所以对本课内容他们并不陌生。本课

[①] 张继攀，江苏省连云港市灌云县下车中心小学。

通过向学生提供现实、有趣的题材，唤起他们已有的生活经验，从而激起学生主动探索24时记时法规律的兴趣。

教学重难点

24时记时法与普通记时法之间的互相转换。

教学方法

本课采用了多媒体教学手段与传统教学手段相结合的方法，通过动态显示，化静为动，突破难点，使学生正确、清晰地获得24时记时法的表象。

教学过程

一、创设情境，导入新课

师：你知道《新闻联播》每天什么时间播出吗？

生：晚上7点。

（播放《新闻联播》片头，让学生看清《新闻联播》播放的时间。）

师：请大家在互联网中搜索一下中央少儿频道节目单。

（学生搜索中央少儿频道节目单。）

师：你最喜欢看什么节目？能说一下它的播放时间吗？

（让学生说说是上午、下午，还是晚上，教师相机表扬、鼓励。）

师：节目单上的时间和我们平时说的记时方法一样吗？

（学生讨论。）

师：交通、邮电、广播等部门在工作中都需要具备很强的时间观念，为了计算简便、避免出错，都采用从0时到24时的记时法，通常叫作24时记时法。

二、探索新知

师：一天也就是一日，一日的时间就是一昼夜。大家想想，这种记时方法为什么不叫25时、26时记时法呢？

（学生讨论。）

师：24时记时法把一天的时间从0时一直排到24时。（出示24时彩条）一天中过去了多少时间，它就是几时，如过去8小时就记作8∶00，过去12小时就记作12∶00，过去20小时就记作20∶00。那么，0时是什么时候呢？

激活已有生活经验，开启学生思维空间
——"24时记时法"教案及评析

（学生思考、讨论。）

师：春节是我们每个人最喜爱的节日之一，请同学们回忆一下，在除夕夜晚，新年的钟声在什么时间敲响？

生：夜间12点。

师：夜间12点，是旧的一天的结束，也是新的一天的开始，我们把这一时刻称为0时。

师：大家闭上眼睛想一想，在一天的时间里，钟面上的时针正好走几圈？

（学生思考。）

师：我们一起来看一看钟面上的时针是怎样走的。（出示钟面，教师演示）同学们，除夕之夜，当新年的钟声敲到第12下时，新的一年就开始了。此时此刻，钟面上的时针和分针都指向数字12——夜里12时，就是0时。24时记时法就是从此时此刻开始计算一天的时间的，接下去是凌晨1时、凌晨2时……（教师边拨边讲）上午8时、9时……直到中午12时，（提示时针已经走了一圈，再接着拨）下午1时、2时……晚上8时、9时……直到午夜12时，也就是第二天的0时。刚才我们从中午12时拨到夜里12时，时针又走了一圈，又是12小时。

师：为了区分某一时刻，一般用"凌晨""早晨""上午"等来描述一天从0时起到中午12时止这段时间里的时刻，用"下午""晚上""夜里"等来描述一天从中午12时起到晚上12时止这一段时间里的时刻。

师：想一想，刚才钟面上的时针正好走了几圈？一共是几小时？

生：正好走两圈，一共是24小时。

（教师板书：1日=24时。）

师：同学们，你们想不想将一天中的24小时快速地用24时记时法表示出来呢？（一边拨钟一边讲，教师板书部分时间，并对照课本中的三幅图，让学生填写）24时记时法中，时针走第一圈时，钟面上的时数与普通记时法相同；而时针走第二圈时，就等于用钟面上的数加上12，也就是比普通记时法的下午时刻多12小时。这样，下午1时就是13时，下午2时就是14时……最后到夜里12时就是24时，也就是第二天的0时。

三、加深理解，应用知识

1. 说一说，写一写

师：大家先用普通记时法说说日常的学习生活中我们何时上课、何时下课、何时活动、何时做作业，然后再用24时记时法表示出来。

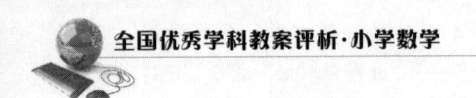

(学生思考、回答。)

2．出示课件 1

从上午几时几分到下午几时几分这段路禁止小汽车通行？

(学生独立做，可以小组交流，也可以上网搜索，然后集体订正。)

师：请你说一说自己是怎样想的。

(学生回答。)

3．出示课件 2

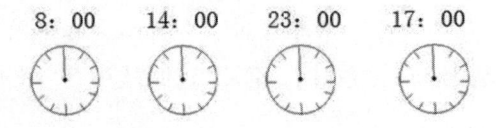

8：00　　14：00　　23：00　　17：00

师：大家先想想时针应该画在哪里，再动手画一画。

(学生画时针。)

4．出示课件 3

红领巾广播站
节目预报
上午7时30分　　学校新气象
中午12时　　　　儿童歌曲欣赏
下午1时　　　　　健康教育
下午4时　　　　　科学家的故事

你能用24时记时法播报节目吗？

师：请大家用 24 时记时法播报节目，同桌间互相说一说。

(同桌交流。)

四、趣味游戏，加深感受

师：假如老师要你用两只手臂分别表示时针和分针，我说一个时刻，你能不能很快做出动作？

生：能。

(师生做游戏。)

五、知识拓展，加深记忆

师：通过今天的学习，我们知道了一天有 24 小时，那么一天为什么有 24 小时呢？

（播放视频《一天为什么是 24 小时》。）

师：一天有 24 小时，所以我们经常采用 24 时记时法来记时。那么，从古到今，都出现过哪些记时的方法呢？一起来看看吧！

（出示关于古人的计时方法的资料。）

六、概括总结，质疑升华

师：今天你学到了什么？还有什么问题？

（学生总结、提问，教师释疑。）

师：今天我们认识了 24 时记时法与普通记时法的互相转换。时间老人对每个人都是公平的，我们一定要珍惜时间，合理安排时间。请你们在课下收集一些关于珍惜时间的名言警句，下节课我们来交流。

教学反思

在新授课时，我通过互联网搜索 24 时记时法的相关资料，激活了学生已有的生活经验，开启了学生的思维空间，激发了学生的探究欲望，让学生进行探究性学习和思考，帮助学生在头脑中主动构建所学新知识的模型，促使学生对新知识的认识逐步趋于完整，符合学生的认知规律。

生活中的数学是鲜活的，学生在课堂上不应该只是听数学、看数学，更多的应该是做数学、玩数学，在生活中用数学，在数学思维活动中经历、体验和探索数学，从而感受数学的价值和意义。我在课堂上精心设计与学生生活密切相关、学生乐于探究的问题，巧妙地处理课堂内意外生成的教学资源，有效地捕捉学生那些稍纵即逝的思维火花，为下一步教学创造良好的教学契机，使原本平淡的课堂闪耀着灵动的光彩，使数学学习更加真实有效。

（所获奖项：二等奖）

专家点评

本课教学内容与学生的日常生活密切相关，掌握普通记时法和 24 时记时法对学生的日常生活有非常重要的作用。

在教学中，教师侧重让学生理解普通记时法与 24 时记时法之间的联系与区别，并能正确地将普通记时法与 24 时记时法进行互换，体会数学在实际生活中的应用。教师通过创设一系列与时间相关的问题情境，引导学生思考和讨论，给学生讲解普通记时法与24时记时法之间的联系和区别，通过练习让学生巩固知识并最终达成教学目标。

上课伊始，教师通过与日常生活相关的时间问题引出教学内容，并引起学生思考、激发学生的学习兴趣。在讲解24时记时法的含义时，教师通过教具的演示，不仅使学生直观地认识了24时记时法，还使学生理解了24时记时法与普通记时法之间的联系和区别，将静态的抽象知识动态化，有利于学生的理解和记忆。最后，教师通过与记时法相关的练习加深学生对教学内容的掌握，同时使学生体会到数学在生活中的广泛应用。

为了更好地体现以学生为中心的教学思想，建议教师可以给学生更多自主探索、发现的时间与机会，从而提高学生的自主学习能力。

（点评人：北京师范大学教育学部　鲁利娟）

创设活动情境，增加探索机会
——"辨认方向"教案及评析

李 平[①]

教学背景

教学课时：1课时

教学准备：

1. 学生：每人准备一张正方形纸。

2. 教师：制作多媒体课件；准备八张写有八个方向的卡片；在互联网上收集与本课教学内容相关的素材。

教学目标

1. 借助辨认方向的活动，进一步发展空间观念。

2. 结合具体情境给定一个方向（东、南、西、北），能辨认其余七个方向，并能用这些词语描述物体所在的位置。

3. 体验数学与现实生活的密切联系。

教材分析

"辨认方向"经常出现在学生的生活经历中，是培养学生空间观念的好素材，但在过去的教材中很少出现。本课是在学生学会辨认东、南、西、北四个方向的基础上，进一步学习东南、东北、西南、西北四个方向。教材中设计的内容与学生的生活紧密联系，为学生提供了思考与合作交流的空间。

教学重难点

1. 在已有经验的基础上，认识东南、东北、西南、西北，主动构建方位

[①] 李平，安徽省宿州市埇桥区朱仙庄镇二铺小学。

知识。

2. 体会参照物不同，物体的相对位置也会发生变化。

教学方法

1. 激活学生已有的经验，放手让学生独立探究，获取新知。
2. 积极倡导小组合作，培养团队精神。
3. 强调动手操作，让学生体验数学的乐趣。
4. 通过真实的情境重整教材。

教学过程

一、创设情境，提出问题

师：同学们，你们平时收听天气预报吗？今天老师为大家带来了一段天气预报，请你们认真收听，然后告诉我都听到了哪些以前学过的表示方向的词。

（播放《天气预报》，学生回答，教师根据回答板书。）

师：除此之外，你们还听过其他表示方向的词吗？看来，表示方向的词远不止我们已经学过的那些。希望通过今天这堂课的学习，同学们关于方向的知识会更加丰富。

【设计意图】借助学生已有的知识和生活常识，创设现实生活中学生熟悉的生活情境，使学生都参与到数学活动中，让学生在兴奋、积极的心态下学习数学。

二、合作交流，探究新知

1. 活动一：辨认方向

师：在生活中我们可以怎样辨认方向呢？

生：太阳升起的地方就是东方。

生：北斗星所在的方向就是北方。

生：可以利用指南针，指针指的方向就是南方。

师：是啊，指南针是我国的"四大发明"之一，是我国文化的一颗璀璨的明珠，我们一起来看看吧！

（播放视频《指南针的发明》，学生观看。）

【设计意图】让学生初步了解"四大发明"，感受我国悠久的文化，增强民族自豪感，激发探究的欲望与激情。

创设活动情境，增加探索机会
——"辨认方向"教案及评析

师：同学们知道得真不少，那你们知道怎样在图纸上标识方向吗？
生：可以在旁边画一个箭头，如果指向上而且写"北"字，就表示上北、下南、左西、右东。
师：现在我面朝北方，我的后面是什么方向？
生：南方。
师：我的左边是什么方向？
生：西方。
师：右边是什么方向？
生：东方。
师：谁能像我这样说一说你们的前、后、左、右各是什么方向？
（学生回答。）
师：那么你们知道位于你的东、南、西、北这四个方向的同学分别是谁吗？请你们同桌两人相互说一说。
（同桌交流。）
师：谁来说给大家听一听？
（学生回答。）

2. 活动二：辨别东南、东北、西南、西北
师：你们已经会用东、南、西、北这四个方向词来描述物体所在的位置了。那么你们在生活中除了这四个方向词外，还听说过哪些方向词呢？
生：东南、东北、西南、西北。
师：现在，我们就一起来辨认这几个方向。
（出示课件。）

师：请同学们仔细观察，在图中你们都获得了哪些信息？
生：我看到图书馆、体育馆、动物园、医院、学校、邮局、少年宫、商

| 67 |

场、电影院这几个建筑物。

生：我看到了一个指向北方的图标，表示这幅图是按上北、下南、左西、右东的方向绘制的。

师：你们能用已经学过的方向知识说一说体育馆、商场、医院、邮局分别在学校的什么方向吗？

（学生回答。）

师：图中还有四个建筑物，它们相对于学校所在的位置与以前认识的方向有什么不同？

生：在学校的斜方向的位置上。

生：在两个方向的中间的位置上。

生：分别在学校的左上角、左下角、右上角、右下角的位置上。

生：图书馆在学校的西北角，动物园在学校的东北角，少年宫在学校的西南角，电影院在学校的东南角。

师：你们认为哪种描述比较准确？

生：第三种和第四种。

生：第三种说法有点模糊，还是第四种说法比较准确。

师：现在谁再来描述一下这四个建筑物分别在学校的什么方向？

（学生回答。）

师：你们认为图书馆在学校的什么方向？

生：北西方向。

生：西北方向。

师：你们是怎么知道的？说给大家听一听。

生：图书馆在学校的北面，又偏向西面，所以是西北。北西也对，但习惯上叫西北。

师：你们说得很对，也很善于从生活中发现问题。那么，其他三个建筑物分别在学校的什么方向？

（学生回答，教师板书：东南、东北、西南、西北。）

【设计意图】先让学生独立思考，再在小组内交流，在学习过程中尽可能为学生提供探索和交流的空间，鼓励学生自主探索与合作交流。

三、实践操作，巩固新知

1. 活动三：制作方向板

师：我们已经认识了东、南、西、北、东南、东北、西南、西北这八个方向词，下面我们就一起来制作一个方向板。

师：请拿出正方形纸，像我这样折一折，并在折痕上标出八个箭头。
（教师演示操作方法，学生模仿。）
师：根据我们的作图习惯，上方一般确定为什么方向？
生：北方。
师：请标出北方。剩下还有七个方向，你们能自己完成吗？
（学生尝试制作方向板，教师巡视。）
师：谁来把自己的作品展示给大家？
（学生展示。）
师：你们已经会自己制作方向板了。那么，你们能根据我们教室的实际方向，把你的方向板按照正确的方向摆放在你的课桌上吗？
（学生尝试摆放方向板。）
师：同桌互相看一看，你们摆得一样吗？如果不一样可以小声地讨论一下应该怎样摆。
（学生互评、讨论。）
师：谁来给大家说一说你是怎样摆的？
（学生汇报。）
师：老师这里有八张分别写有八个方向的卡片，谁能利用所学的知识为我们的教室制作一个大的方向板？要求以我们中间的这位同学为参照物，想一想教室的四面墙分别在他的什么方向，四个墙角的位置分别在他的什么方向，再把你拿的那张方向卡贴在相应的地方。
（组织学生活动，并把卡片贴在相应的墙壁上。）
师：同学们已经在我们的教室里制作了一个大的方向板，谁来说一说在教室里的这八个方向上分别有些什么物体？
（学生依次描述。）
师：你们能运用今天所学的知识说一说自己的东南、东北、西南、西北方向上分别是哪位同学吗？下面请同桌两人相互说一说。
（同桌互说。）
师：刚才我发现，有的同学在观察的过程中聪明地利用了自己制作的方向板，那么你们知道在使用方向板辨认方向时需要注意什么吗？
生：方向板摆放的位置应和生活中的方向相同。
2. 活动四：了解中国地图
（出示中国地图。）
师：这是哪个国家的行政区域图？

生：中国。

师：形状像什么？

生：像一只雄鸡。

师：你在这幅图上都看到了什么？

生：首都北京。

生：我们安徽。

生：还有指向北方的图标。

师：我们中国幅员辽阔，地大物博，同学们在地图上找到了我国的首都北京和我们所在的安徽省，我们的家乡的位置大致就在这里。（标出大致位置）谁能说一说我们的家乡和北京有什么样的位置关系？

（学生回答。）

四、课堂总结

师：本节课同学们学得都很认真，这节课你们有哪些收获？还有哪些不明白的地方？对老师有哪些建议？

（学生总结。）

师：下面请同桌互相评价本节课的表现。

（同桌互评。）

五、布置作业

师：请同学们到操场上看一看，记一记校园内各方向分别有些什么？可以用文字写，也可以画出来。下节课我们比一比谁观察得仔细，谁辨别得准确。

教学反思

1. 思得

上课伊始，我播放了一段天气预报，学生的兴趣被激发，学生较好地进入了学习的状态。天气预报中出现的新方向与本节课的学习内容密切相关，为新课的导入提供了材料。

教学中，先让学生观察主题情境图，复习东、南、西、北四个方向，然后很自然地引出东南、东北、西南、西北这四个新方向。在教学四个新方向时，我主要采用同桌讨论的形式，让学生根据已有的经验构建新知识。

2. 思失

本节课用时稍长，特别是后半部分教学准备不够充分，拖延了上课时间。

3. 思改

在课堂上，我没有做到关注全体学生，特别在做方向板时，部分学生遇到困难，我没有给他们过多的指导。在以后的教学中，我要多关心这部分学生，给他们解决问题的信心和勇气。

（所获奖项：二等奖）

专家点评

本课教学目标是让学生能够正确辨认某一情境中物体所在的方向，体会数学在实际生活中的广泛应用。教师根据教学要求，通过活动引导学生回顾有关辨别东、南、西、北方向的知识，进而引出东南、东北、西南、西北四个方向。

上课伊始，教师通过创设天气预报情境引出教学内容。接着通过四个活动使学生理解并掌握八个方向的辨别方法：活动一，回顾有关辨别东、南、西、北方向的知识；活动二，通过一定的问题情境引导学生辨别东南、东北、西南、西北四个方向；活动三，通过让学生动手制作方向板，使学生辨别教室内物体的位置加深对八个方向的辨别；活动四，通过中国地图说说安徽省与北京市的位置关系，学以致用。

（点评人：北京师范大学教育学部　鲁利娟）

操作探究，自主发现
——"长方形、正方形面积的计算"教案及评析

朱洁茹[1]

教学背景

教学课时：1课时

教学准备：

1. 学生：准备1平方厘米的小正方形，答题卡。

2. 教师：制作多媒体课件；准备1平方厘米的小正方形；在互联网上收集与本课教学内容有关的素材。

教学目标

1. 理解并掌握长方形及正方形面积的计算公式及推导过程，能正确计算长方形的面积。

2. 运用长方形、正方形面积的计算方法正确解决实际问题。

3. 培养爱护环境的意识及合作探究的能力。

教材分析

"长方形、正方形面积的计算"是在学生了解面积的含义、认识面积单位和学会用面积单位直接度量面积的基础上进行的教学。这部分内容主要引导学生探索长方形和正方形面积的计算公式，并初步练习运用公式进行面积计算。

教学重难点

1. 掌握长方形和正方形面积的计算方法。

---

[1] 朱洁茹，天津市和平区新星小学。

2. 掌握公式的推导过程，能利用公式解决实际问题。

教学方法

本课为学生创设情境，提供条件，让学生通过动手操作，经历完整的探究过程，自主发现长方形面积计算的方法。

教学过程

一、新课引入

（播放视频《天津市绿化美化城市方案》，出示绿化草坪的图片。）

师：近年来，天津市越来越重视绿化工程，在很多空地上都种植了各种植被。这不，市绿化局工人们正准备在这片长方形空地上种植草坪。现在请大家为市绿化局算一笔账，如果草坪每平方米 100 元，市绿化局要花多少钱才能绿化这块空地？

生：需要知道长方形空地的面积。

师：什么叫面积？

（学生回答。）

师：常用的面积单位有哪些？

（学生回答。）

师：比画一下 1 平方厘米有多大？1 平方分米呢？1 平方米呢？

（学生比画。）

师：每个小正方形的面积是 1 平方厘米，这个图形（课件出示）的面积是多少？

（学生回答。）

师：你用的是什么方法知道了它的面积？

生：拼数的方法。

师：要想知道草坪的面积，如果还用这种拼数的方法好吗？为什么？

生：不好，因为草坪的面积大，数起来麻烦。

师：那怎么办？你听说过什么方法？

（学生回答。）

师：今天我们就来研究长方形面积的计算。（板书课题）

二、探究新知

1. 探究与长方形的面积相关的条件

（播放演示动画。）

师：这个图形的面积有什么变化？为什么会有这样的变化？什么引起了面积的增加？

（学生讨论、交流。）

师：这个动画说明了什么？

生：长方形的面积和长、宽有关。

2. 动手实践，探究长方形的面积公式

（出示图形。）

师：这是一个长5厘米、宽3厘米的长方形，在同学们的书上也有一个这样的图形，先用你们手中的1平方厘米的正方形测量一下它的面积是多少。

（学生动手操作。）

师：谁来说说你是怎么摆的？这个长方形的面积是多少？

生：5×3=15（平方厘米）。

师：这里5指的是什么？3又是什么？

生：5是长方形的长，3是长方形的宽。

师：你认为，长方形的面积和长方形的长与宽有什么关系？

生：长方形的面积＝长×宽。

师：我们验证一下，看看我们的推测是不是适用于所有的长方形。请同学们小组合作，选任意多个1平方厘米的小正方形摆成长方形，并把你们摆的长方形的长、宽和面积填入表中。

（小组合作，投影展示学生填的表，学生汇报。）

师：通过这张表，我们看到长方形的面积与长方形的长与宽有什么关系？

（学生回答。）

师：谁跟他们摆的不一样或使用的小正方形不一样多？你来说说你摆的长方形的长和宽，其他同学猜一下他摆的长方形的面积好吗？

（学生回答。）

师：你是怎样猜到的？长方形的面积等于什么？

（学生回答，教师板书：长方形的面积＝长×宽。）

师：那你愿意不愿意练几道题？

（出示练习题。）

师：最后这个图形变成什么形状了？大家刚才说它的面积是多少？怎么得到这个结果的？正方形的面积和什么有关？还叫长和宽吗？

（学生回答，教师板书：正方形的面积＝边长×边长。）

师：这是为什么呢？我们还是请小正方形来帮忙吧。边长是几，我们就要在第一行摆几个小正方形，还要摆同样的行数，所以这个大正方形的面积就是边长与边长的乘积。

师：那现在可以求这片草坪的面积了吗？为什么还不行？

生：不知道草坪的长和宽。

师：草坪长是 50 米，宽是 20 米，面积是多少平方米？

生：50×20＝1000（平方米）。

师：如果每平方米草皮的价钱是 100 元，市绿化局要花多少钱？

生：1000×100＝100000（元）。

师：我们一定要爱护周围的环境，不践踏草坪绿地，从我们每个人做起，为我们城市的整洁、美丽贡献自己的力量。

3．教学例题

（出示例题。）

师：我们再来看一道题，请你认真读题，找出已知条件和问题，说说有什么要提醒大家注意的地方。

生：要写单位名称，单位名称应为面积单位，是平方分米。

师：将解答过程写下来。

（学生独立解答。）

三、巩固练习

1．练习一

师：我们做几道判断题，看看谁是判断高手，用手势表示对错，然后再回答为什么。

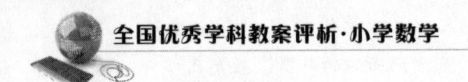

（出示判断题，学生回答。）

2. 练习二

师：在一个长55厘米，宽38厘米的纸上剪下一个最大的正方形，求剩余部分的面积是多少平方厘米。

（学生回答。）

3. 练习三

师：现在再来看看谁是"聪明宝贝"。

（出示足球场平面图。）

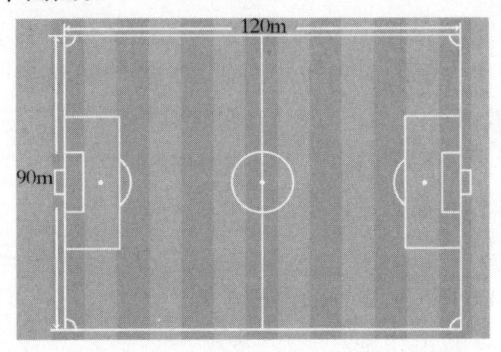

师：求足球场的半场面积是多少。做这道题要注意什么？将解答过程写下来。

（学生独立解答。）

师：你有不同的方法吗？你是怎么想的？

（学生回答。）

四、课堂总结

师：今天你学会了什么？有哪些收获？

（学生总结）

师：求长方形的面积要知道什么条件？求正方形的面积呢？列式计算的时候要注意什么？

生：单位要统一，最后要写面积单位，要与已知条件的长度单位相对应。

教学反思

本节课我向学生提供了充足的机会，帮助学生在自主探索、合作交流的过程中学习。课上我把问题抛给学生，大胆放手，让学生在活动中寻求解决问题的办法。学生亲自动手，亲历"实验—猜想—验证"的知识形成过程，从而深刻理解面积的计算公式。

经过一节课的学习，学生对本节课知识基本掌握，能利用计算公式计算长方形、正方形的面积，但掌握变式题的灵活性还不够，容易混淆长度单位与面积单位名称，因此应在今后的练习中加强训练，避免发生这些错误。

（所获奖项：二等奖）

专家点评

在本课教学中，教师引导学生通过猜想、验证和推理的方法，理解并掌握长方形和正方形的面积的计算公式和推导过程，并让学生利用公式解决生活中的实际问题。

教师通过创设问题情境导入教学内容，既使学生回顾了有关面积的知识，也引发了学生的思考，营造了良好的学习氛围。之后，教师引导学生通过动手实践活动经历长方形与正方形的面积的推导过程，使学生更好地理解了长方形和正方形的面积的计算方法，提高了学习的效果。最后，教师让学生利用学到的面积公式解决课堂教学开始时提出的面积计算问题以及多个变式问题，不仅使学生巩固了所学知识，也使学生体会到面积计算在实际生活中的应用。

在教学过程中，教师将信息技术与传统的教学手段结合，促进了学生的学习以及教学目标的实现。

（点评人：北京师范大学教育学部　鲁利娟）

让学生在生活化的情境中体验与探索
——"对称、轴对称图形"教案及评析

蔚富娥[①]

教学背景

教学课时：1课时

教学准备：

1. 学生：收集蜻蜓、树叶等的图片；准备正方形、长方形、圆形的纸。

2. 教师：制作多媒体课件；在互联网上收集与本课教学内容相关的素材。

教学目标

1. 通过观察、操作，初步认识轴对称现象，并能在方格纸上画出简单的轴对称图形。

2. 发展空间观念，培养观察能力和动手操作能力。

3. 通过探究活动，激发学习热情，感受对称图形的美，学会欣赏数学美。

教材分析

轴对称图形是日常生活中的常见图形，人们在装饰、布置生活环境时经常利用这些图形。通过对轴对称图形的学习，学生既可以了解轴对称现象在生活中的普遍性，又能提高数学欣赏能力与空间想象能力。

教学重难点

1. 认识轴对称图形的性质。

---

① 蔚富娥，甘肃省西和县洛峪镇中心小学。

2. 画出轴对称图形。

教学方法

情境导入法、小组讨论法、自主学习法、合作学习法、探究式学习法。

教学过程

一、生活激趣，情境导入
（出示图片，带领学生欣赏。）

脸谱　　　　　　　剪纸　　　　　　　汽车标志

二、初步感知
师：你能说说下面的图形有什么共同特征吗？（出示图形）

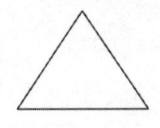

（学生回答。）

师：下面请大家动手折一折、比一比、画一画，看看蜻蜓、树叶的实物图有什么共同的特点。（出示图片）

蜻蜓　　　　　　　　　　　　　　树叶

（学生动手操作。）

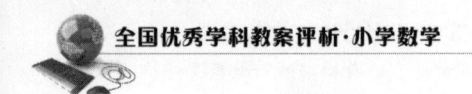

三、深入探讨

师：如果一个图形沿着一条直线对折后两部分完全重合，这样的图形叫作轴对称图形，这条直线叫作对称轴。这时，我们也说这个图形关于这条直线对称，这条直线就是它的对称轴。请你说一说、找一找，生活中哪些东西是对称的，哪些不是对称的。

（学生思考、回答。）

师：对称是一种最基本的图形变换，包括轴对称、中心对称、平移对称、旋转对称和镜面对称等多种形式。对称的物体给人一种匀称、均衡的感觉，给人一种美感。

四、巩固应用

师：请你看看下面的图形哪些是轴对称图形，哪些不是，并在轴对称图形上画出对称轴。

（学生独立解答。）

师：你是如何找到对称轴的？

（学生交流。）

师：观察下列图形，长方形有几条对称轴？正方形呢？圆呢？请大家先用正方形、长方形、圆形的纸折一折，再画出来。

（学生动手操作。）

师：看下图，你能按对称轴画出另一半吗？大家在做这道题之前，先说一说画图形的另一半的方法。

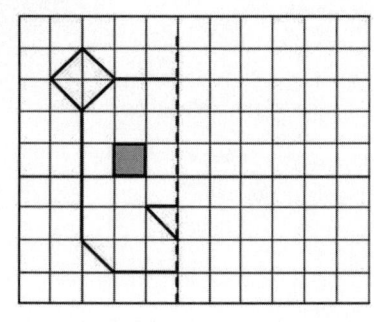

(学生讨论、交流。)

师：做这道题的时候，应用轴对称图形的性质画出另一半。

(学生独立解答。)

五、拓展应用

师：我们认识了轴对称图形，也找了许多图形的对称轴，接下来请你在方格纸上自己设计一个轴对称图形，并画出对称轴。

(学生想象并设计轴对称图形。)

师：你画了什么样的图形，小组同学互相看看，说说图形的对称轴在哪里。

(小组交流。)

师：请用轴对称的知识看看下面图形的对称轴有什么特点。（出示图形）

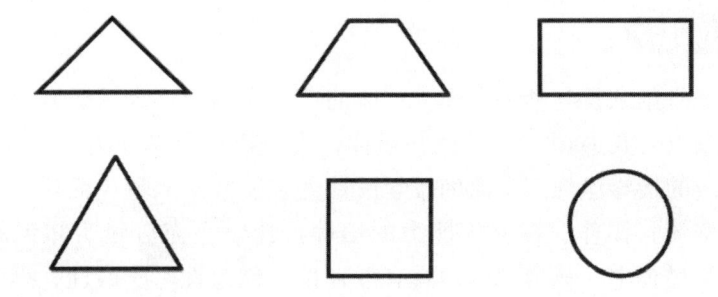

(学生讨论、交流。)

师：看看你的答案对不对。（出示画有对称轴的图形）

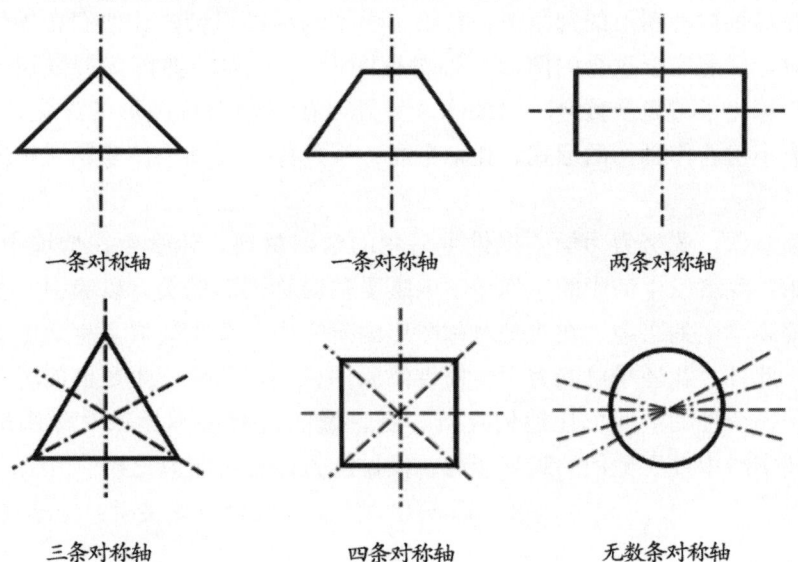

一条对称轴　　　一条对称轴　　　两条对称轴

三条对称轴　　　四条对称轴　　　无数条对称轴

师：有些字母也是轴对称图形。（课件出示）

A B C D E H M

师：有些汉字也是轴对称图形。（课件出示）

喜 工 中 由

六、课后提升

师：今天的课后作业，一个是利用轴对称的知识设计一幅美妙的图画，另一个是完成课本中的习题。

教学反思

这是一堂集欣赏与动手操作为一体的综合实践课。为了更有效地突出重点，突破难点，我遵循学生的认知规律，遵循以教师为主导、学生为主体、训练为主线的指导思想。本课的教学设计力求使数学问题生活化，注重对学生观察、交流、操作、探究等能力的培养，让学生充分经历知识的形成过程；在教学过程中，我努力构建具有教育性、创造性、实践性、操作性的活动，以鼓励学生主动参与、主动探索、主动思考、主动实践为基本特征，以学生的自主活动和合作活动为主，让学生的个性得到充分发展。

在对轴对称图形的判断中，我给予学生动手的机会，让他们在操作中感悟"对折后能完全重合的图形是轴对称图形"，在对一些图案的辨别过程中进一步深化了"完全重合"的概念。另外，在对轴对称图形的深化认识中，我采取小组合作创作的形式，让学生在一系列操作活动中体验轴对称图形的形成过程。

整节课，我努力为学生提供生活化的学习材料，让学生在情境中体验。一开始，我就以生活中的对称让学生感受轴对称图形的美，以吸引学生的眼球，提高学生的兴趣。在对轴对称图形的研究中，我也选取了生活中的许多素材。此外，我还尽可能为学生提供体验的机会，给予学生足够的思考、探讨和张扬个性的空间，让他们在折、看、做的过程中掌握轴对称图形的特征，在实践中发展他们的观察能力、操作能力、分析能力及数学情感。

（所获奖项：二等奖）

让学生在生活化的情境中体验与探索
——"对称、轴对称图形"教案及评析

专家点评

本课教学首在让学生认识轴对称图形的基本特征，并且能正确判断出对称轴。教师在进行教学时，对教学内容进行了合理的设置及安排，通过展示生活中常见的轴对称图形以及让学生动手制作轴对称图形等，使学生对轴对称图形的特征有了正确的认识并能正确判断对称轴，最终达成教学目标。

上课伊始，教师通过展示生活中常见的轴对称图形引出教学内容，激发了学生的学习兴趣。之后通过对轴对称图形含义的介绍及归类练习，加深了学生对轴对称图形的认识。另外，在教学过程中，教师引导学生动手操作，调动了学生学习的积极性，使抽象的、静态的数学知识动态化，既加深了学生对轴对称图形的理解和认识，也锻炼了学生的动手能力以及解决问题的能力。

但是教师在教学过程中并没有脱离传统的教学策略，仍然采用传统的教学方法，这不利于激发学生的积极性和主动性。建议教师采用产生式教学策略以学生为中心，让学生利用课本及小组合作讨论的学习方式来提高学生的学习效率，提升学习兴趣。

（点评人：北京师范大学教育学部　鲁利娟）

策略引发，技巧指导，意识养成
——"解决问题的策略——转化"教案及评析

朱 宇[①]

教学背景

教学课时：1课时

教学准备：

1. 学生：课前回顾、整理三角形、圆形的面积公式的推导过程，完成导学案的"独立尝试"部分。

2. 教师：制作多媒体课件；在互联网上收集与本课教学内容有关的素材。

教学目标

1. 回顾用转化策略解决问题的过程，通过解决具体问题感悟转化的含义。

2. 在具体问题的解决过程中，积累运用转化策略的经验，掌握一些常用方法和转化技巧。

3. 进一步增强解决问题的策略意识，体会运用转化的策略是解决问题的有效方法，获得成功的体验。

教材分析

"解决问题的策略——转化"是在学生已经学习了用画图、列表及列举、倒推、替换和假设等策略的基础上进行教学的。转化是一种常见的解决问题的策略，通过转化能把较复杂的问题变成较简单的问题，把新问题变成旧问题，使学生运用转化的策略解决实际问题，从而深化对策略的认识。

[①] 朱宇，江苏省高邮市天山镇中心小学。

策略引发，技巧指导，意识养成
——"解决问题的策略——转化"教案及评析

教学重难点

1. 理解转化策略的价值，形成策略意识，会用转化策略解决问题。
2. 初步掌握转化的方法和技巧。

教学方法

1. 引导发现法。引导学生回顾旧知，与新知比较，形成知识结构。
2. 合作探究法。引导学生合作学习，探究用转化的方法来解决问题。
3. 练习巩固法。围绕重难点安排练习，提高学生运用知识解决问题的能力。
4. 观察分析法。在仔细观察的基础上分析和解决问题。
5. 动手操作法。通过动手操作来探究解决问题的策略。
6. 同伴互助法。通过合作学习共同探究转化方法，获得数学能力的发展。

教学过程

一、创设情境，导入新课

（教师介绍数学文化节。）

【设计意图】整节课我以"数学文化节"作为贯穿全课的主线，先介绍数学文化节，激发了学生的学习兴趣，唤起了他们的好奇心和求知欲。

二、数学之史：曹冲称象

（教师讲述曹冲称象的故事。）

师：故事告诉我们，解决问题首先要选择正确的方法。早在1700多年前，曹冲就为我们提供了一个换个角度看问题的方式。

（板书：转化的策略。）

【设计意图】用学生熟悉的故事引导他们去理解"换个角度去思考，解决问题会简单些"的道理，让学生初次感受转化策略的奇妙。

三、数学之趣：图形奇妙变换

1. 比较面积的大小

（出示课件。）

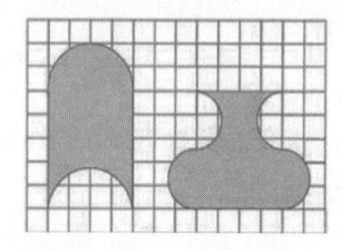

师：这两个图形的形状一样吗？它们的面积一样吗？

（学生独立思考。）

师：你能自己想办法证明吗？请同学们在小组内交流。

（小组先合作学习，再汇报。教师用课件动态演示转化的过程。）

师：这两个图形都可以转化成长方形，长是 5 格，宽是 4 格，它们的面积是相等的，都是 20 格。通过剪拼，我们把较复杂的问题转化成了较简单的问题。（板书：复杂的问题→简单的问题）

2. 巧算图形周长

（出示楼梯侧面图。）

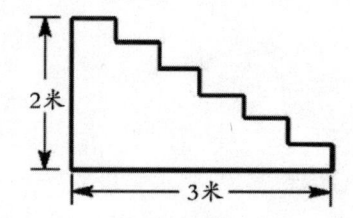

师：这是一个楼梯的侧面图，求此图形的周长。

（学生独立思考，组内交流。）

3. 出示课件

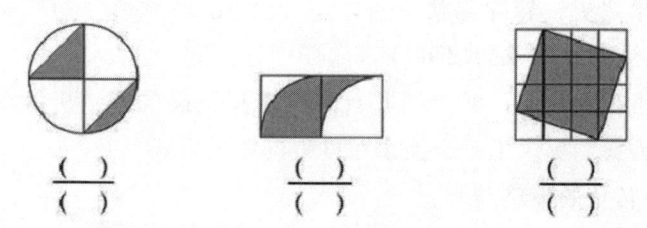

师：仔细观察图形，用分数表示各图中的涂色部分，并填一填。

（学生独立解答。）

师：想一想，解决这些问题时，你运用了什么策略？是怎样运用的？

（学生回答。）

【设计意图】本环节为学生自主探索问题解决策略提供了较大的思考空间，让学生在合作交流的基础上，观察图形的特点，明确转化的目标，探讨转化的具体方法，从而对图形的具体转化方法获得清晰的认识。

四、数学之思：回顾转化实例

1. 回顾运用转化策略的知识

师：想一想，如何将圆形转化为长方形来求面积？如何将小数乘法转化为整数乘法？

（学生独立思考，小组交流、汇报。）

师：我们可以把新问题转化成熟悉的或者已经解决的问题。（板书：新问题→已经解决的问题）

2. 回顾简便计算的转化

师：我们以前学习的简便计算，实际上都是对一些算式进行转化。

（出示练习题，学生独立解答。）

【设计意图】通过一组有利于学生建立新旧知识联系的学习材料，将以往运用的一些数学方法上升到策略的高度，增强了学生的策略意识。

五、数学之用：解决实际问题

1. 计算中的简化问题

（出示练习题：计算 $\frac{1}{2}+\frac{1}{4}+\frac{1}{8}+\frac{1}{16}$。）

师：同学们先想一想，怎么计算这道题？

（出示图片。）

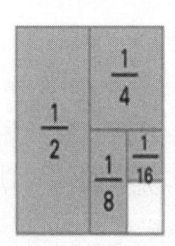

师：看图想一想可以把这一算式转化成怎样的算式。

（学生尝试计算，在算法比较中体会策略价值。）

师：在解决问题时，要善于从不同的角度灵活地分析问题，这样有利于我们想到合理的转化方法。

2. 比赛中的转化问题

师：有16支足球队参加比赛，比赛以单场淘汰制进行，那么一共要进行多少场比赛？下面大家画图算一算。

（学生画图分析。）

师：如果不画图，有更简便的计算方法吗？

（学生讨论、回答。）

师：要产生冠军，一共要淘汰多少支球队？

生：16－1＝15（支）。

师：如果有64支球队，产生冠军一共要比赛多少场？

（学生讨论、回答。）

师：产生冠军，就是最后只剩下1支球队，也就是要淘汰63支球队，所以要比赛64－1＝63（场）。

【设计意图】为了让学生在思想上从策略的高度主动运用转化策略，我精心设计了数与代数领域及生活领域中的练习题，让学生在应用中巩固对转化策略的理解，提升对转化策略价值的认识。

六、反思总结

师：在今后的学习、生活中，你愿意运用转化的策略吗？为什么？

（学生回答。）

教学反思

在这节课上，策略引发、技巧指导、意识养成等关键性问题都得到了较好的处理。我始终关注每一个学生，关注每一个教学细节，让学生获得真实而丰富的体验和实实在在的发展。

1. 在体验中形成策略

策略不能直接从外部输入，只能在方法的实施过程中通过体验获得。学生在不同方法的比较中体会转化策略的优越性，加深对转化策略的理解。本质的提炼、思维的碰撞，为学生形成富有理性的数学思考积累了经验。

2. 在回顾与反思中发展策略

及时引导学生对自己解决问题的过程进行反思，有利于提高学生对策略形成过程的认识，也有利于加深学生对策略的理解。本课中，我充分关注学生的自我评价与回顾反思，促使学生思考用到了什么策略、为什么要转化、怎样转化等的问题。

3. 努力方向

超越具体问题的解决和结论，指向策略的形成，这是解决问题的教学区别于传统应用题教学的本质所在。在有关策略的教学中，紧紧抓住这一核心，引导学生经历转化策略产生、运作的全过程，形成主动运用策略的良好意识，这是我今后的努力方向。

（所获奖项：二等奖）

专家点评

本课教学目标设置合理、明确，即让学生在解决具体问题的过程中学习转化策略。教学内容的设置及安排合理，即让学生通过两个复杂的图形的面积比较初步体会转化策略，通过解决不同形式的练习题深化对转化策略的认识，从而提高解决问题的能力，并最终完成教学目标。

上课伊始，以"数学文化节"导入新课，激发了学生的学习兴趣，营造了良好的学习氛围。曹冲称象的故事既让学生拓展了知识面，又让学生初步体会了转化策略的有效性。教师通过图形变换引导学生思考和讨论，使学生掌握了将复杂问题简单化的方法。同时，各种形式的习题也进一步加深了学生对转化策略的理解。

本节课的知识难度不大，更多的是让学生体会转化策略的有效性，提高其灵活解决问题的能力，因此，教师可以让学生自主探索，以提高学生的学习效率，发挥学生的主动性。

（点评人：北京师范大学教育学部　鲁利娟）

用游戏的方式体悟知识
——"可能性"教案及评析

李 华[①]

▌教学背景

教学课时：1课时

教学准备：

1. 学生：预习本课内容。

2. 教师：制作多媒体课件；准备记录卡片，乒乓球（白色、黄色、蓝色的各4个），纸箱；在互联网上收集与本课教学内容相关的素材。

▌教学目标

1. 初步体会事情发生的可能性及可能性的大小，能对一些事件发生的可能性用"一定""可能""不可能"做出判断，并和同伴交换想法。

2. 培养猜测、实验和观察的能力。

3. 培养数学学习的兴趣及良好的合作学习习惯。

▌教材分析

对于纷繁复杂的自然现象与社会现象，如果以结果能否预知为标准，可以分为确定现象和随机现象（不确定现象）两大类。确定现象是指在一定条件下，所出现的结果是可以预知的。随机现象是指在一定条件下，出现哪种结果是无法事先确定的。在现实世界中，随机现象是大量存在的，而概率论正是研究随机现象的规律性的数学分支。"可能性"单元是学生学习概率知识的开始。

[①] 李华，四川省绵阳市花园实验小学。

用游戏的方式体悟知识
——"可能性"教案及评析

教学重难点

1. 体验事件发生的可能性的大小。
2. 通过活动知道事件发生的可能性是有大有小的。

教学方法

采用小组合作学习法、自主探究法。

教学过程

一、故事引入，创设情境

师：同学们，今天老师给大家带来了一个故事，想听吗？

生：想。

师：古时候，有一位糊涂的县官，因为听信一位师爷的谗言，就把无辜的李四抓了起来。在审问时，他对李四说："明天给你最后一次机会，到时候我这里有两枚签，一枚签上写着'死'字，另一枚签上写着'生'字，你抽到哪一枚签，就判你什么。"同学们，如果让李四抽签的话，结果会怎样呢？

生：可能抽到"生"，也可能抽到"死"。

（教师板书：可能。）

师：也就是说，李四抽签有两种可能的结果。但是一心想害死李四的师爷却在两枚签上都写了一个"死"字。如果再让李四来抽签的话，结果会怎样呢？

生：李四抽到的一定是写着"死"字的签。

师：可能抽到写着"生"字的签吗？

生：不可能。

师：也就是说抽的结果确定，一定是"死"字签，换句话说就是不可能是"生"字签。（板书：一定、不可能）

师：看来李四是死定了，幸亏李四的一位朋友把这个情况告诉了他。李四想了一晚上，终于想出了一个好主意。第二天，县官让李四抽签，李四抽了，你猜怎么着？李四把抽到的签吞进了肚子里。县官只好打开另一枚签，发现上面写着"死"字，他以为李四抽到的是"生"字签，就只好放了李四。同学们对李四有什么看法？

生：李四好聪明啊！

师：今天我们就一起来探讨"可能性"这个数学问题。（板书：可能性）你是怎样理解的？

（出示关于可能性的资料，师生交流。）

二、实验感知

（教师拿出一个准备好的纸箱和白色、蓝色、黄色乒乓球各4个。）

师：如果在纸箱里放入4个白色的乒乓球，摸出后会是怎样的结果？

生：一定是白色的乒乓球。

师：为什么一定是白色的乒乓球？

生：因为箱子里只有白色的乒乓球，所以摸出的一定是白色的乒乓球。

（教师让学生摸球验证。）

师：摸出来的果然是白色的乒乓球。

师：如果放入2个白色、2个蓝色和2个黄色的乒乓球，摸出来的会是什么颜色的乒乓球？

生：可能是白色的乒乓球，也可能是黄色的乒乓球，还可能是蓝色的乒乓球。

（教师让学生摸球验证。）

师：有几种可能呢？

生：有三种可能。

师：那可能摸出红色的乒乓球吗？

生：不可能。

师：为什么？

生：因为箱子里没有红色的乒乓球。

师：我们刚才通过玩一玩、猜一猜、说一说、摸一摸，学会了用"一定""可能""不可能"来表述游戏中的各种情况。其实，在我们生活中，有些事情是一定会发生的，有些事情是可能会发生的，也有些事情是不可能发生的。今天，我们就一起来看几个生活中的例子，（课件出示例子）听老师讲要求，如果你认为某个事件是一定会发生的，就在方框里画"√"，如果你认为可能发生就画"○"，如果你认为不可能发生就画"×"。

（同桌合作，一边判断一边说理由。）

师：你喜欢解决哪个就说哪个。

（学生汇报。）

三、自主探索，活动体悟

师：大家都玩过"石头剪子布"的游戏吧？现在就请同桌两人一起玩这个游戏。

（同桌做游戏。）

师：石头、剪子、布三个中谁最厉害？

生：同样厉害。因为剪子可以赢布，布可以赢石头，石头可以赢剪子。

（在学生回答的过程中教师展示以下课件。）

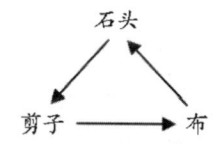

师：刚才大家在玩的时候出现了哪些情况？

（学生回答，教师板书：赢、平、输。）

师：现在老师与大家一起来玩"石头剪子布"的游戏，愿意吗？

生：愿意。

师：那好。但跟老师玩可不能白玩，我们还得做一个记录。请大家拿出老师刚才发给你们的卡片。卡片上有什么呢？上面一排小圆是干什么用的？下面的小方格中应该填什么呢？

（学生回答。）

师：在玩之前，老师有一个要求，就是我们要实事求是，赢就是赢，输就是输，可不能耍赖哦。

（师生做游戏，游戏中学生各自记下每次游戏的情况。）

师：下面请大家数一下每一种情况的个数，然后填到表格中。

（学生统计、汇报。）

师：每一次比赛，其结果可能是赢，可能是输，也可能是平。如果继续下去，有的同学赢老师的可能性大一些，有的同学赢老师的可能性小一些，有的同学可能与老师打成平手。看来，生活中的可能性是有大有小的。

四、拓展延伸

师：春节就要到了，喜羊羊、小灰灰、小红红三家书店为了招揽生意，都推出了节日摸奖活动。三家店门口都写着："凡到本店购书的小朋友均有一次摸奖机会，摸中黑球的奖励一本价值10元的书。"

（课件出示：喜羊羊3黑1白、小灰灰2黑2白、小红红1黑3白。）

师：你最喜欢到哪家书店去购书并摸奖呢？

生：喜羊羊的书店。

师：为什么大家都选择到喜羊羊的书店去呢？

生：因为喜羊羊书店的4个球中有3个黑色的，中奖的机会多。

师：是的，这说明可能性有大有小。那么你觉得在春节时哪家书店的生意会最差？为什么？

生：小红红的书店，因为小红红书店的中奖机会大小。

师：谁能帮助小红红想个办法，使小红红书店的生意好起来呢？

生：只要把黑色的球也变成2个或3个就行了。

师：也就是将黑球的个数增加。

生：把店门口的摸奖规则中的"摸中黑球"改成"摸中白球"也可以。

师：你的想法非常棒。我一定把大家的想法告诉小红红，不过小红红想提前将一本书作为礼物送给我们班的小朋友，你认为谁有可能获得呢？

（学生的回答五花八门。）

师：也就是说，每个同学都有可能获得这本书。如果小红红想把书送给第一组的同学，你们认为谁有可能获得呢？

（学生猜测。）

师：也就是第一组的同学都有可能。如果小红红想把书送给第一组中穿黄色衣服的同学，又会是谁获得呢？

生：一定是×××。

（教师把书送给这位学生，其他学生很不服气。）

师：为什么小红红要把书送给这位同学呢？

生：可能是他的方法被小红红选中了吧！

师：我想也是，因为这位同学告诉小红红的方法最简便，只要在摸奖规则中改一个字就行了。

五、课堂总结

师：这节课我们学习了什么知识？

生：可能性。

师：把今天所学的知识和我们的生活实际联系起来，用这些词说一说生活中的事情吧！请同学们先相互说一说。

生：人死了就一定不会复生。

生：今天可能下雨也可能不下雨。

生：人不可能永远不喝水。

……

师：下课！同学们再见。

用游戏的方式体悟知识
——"可能性"教案及评析

生：老师再见！

师：刚才同学们和老师说"再见"，大家说我们是可能再见呢，还是一定再见呢？

生：一定再见，因为老师还要给我们上课呢。

师：说得好，一定再见。

教学反思

本课属于"统计与概率"的范畴。由于概率知识比较抽象，小学生学习起来有一定困难，所以我采用故事切入的方式，让学生不知不觉地进入学习状态，注意力被吸引到"一定""可能""不可能"的学习内容上。然后，我通过"摸球"游戏，让学生开展猜一猜、说一说、摸一摸等一系列实践活动，进行分析、比较、猜想、描述实验，使学生亲历事件发生的随机性和必然性，体验探索成功的快乐。之后的活动也是以游戏的形式进行，让学生体悟事件发生的可能性，让学生感受到知识的运用价值，体验到成功的乐趣，增添学好数学的信心。最后，我又将教学内容延伸到生活中事件发生的可能性，这一环节具有一定的思维难度与灵活性，有利于训练学生的思维能力和描述能力。

数学学习应留给学生足够的独立思考、自主探索的时间和空间，教师应该挖掘每一个学生的潜能，使学生在合作交流中共同发展。本课通过操作实验、自主探索、合作交流的小组学习方式，不仅让学生感受到事件发生的可能性，更重要的是让学生参与了知识的形成过程。

（所获奖项：二等奖）

专家点评

通过教案可以看出教师备课认真，教学目标、教学内容的设置符合学生的身心发展特点。在教学过程中，教师灵活运用多种教学方法，通过合理的问题引发学生思考，使学生在游戏和活动中探索、发现知识。教师对信息技术手段的运用比较熟练，能够较好地运用信息技术手段支持并优化教学过程。

上课伊始，教师通过故事导入，激发了学生的学习兴趣，为学生的学习营造了良好的学习氛围。之后，教师又通过猜拳游戏、摸奖活动，由浅入深、循序渐进地使学生在活动中探索、思考、发现事件发生可能性的大小，而且在整个过程中学生都能保持较高的学习兴趣，体会到数学在生活中的广泛应用。

（点评人：北京师范大学教育学部 鲁利娟）

自主、探究、合作，培养主角意识
——"秒的认识"教案及评析

窦艳红[①]

教学背景

教学课时：1 课时

教学准备：

1. 学生：准备钟表模型；通过互联网收集各种钟表的图片并了解钟表的来历。

2. 教师：制作多媒体课件；准备有秒针的钟表图片，没有秒针的钟表图片；在互联网上收集与本课教学内容有关的素材。

教学目标

1. 认识时间单位"秒"，知道 1 分＝60 秒以及秒在生活中的应用。
2. 通过观察、体验等教学活动，逐步建立 1 秒、1 分的时间观念。
3. 结合教学内容适时渗透珍惜时间的教育。

教材分析

本节课是在学生已初步建立时、分时间观念的基础上进行的教学，目的是通过学习使学生认识钟面上的秒针，了解时间单位"秒"，建立秒的时间观念，让学生充分感受数学与生活的密切联系，激发学生积极、愉悦的数学情感。

教学重难点

认识时间单位"秒"，建立秒的时间观念。

---

① 窦艳红，山东省潍坊市临朐县第二实验小学。

自主、探究、合作，培养主角意识
——"秒的认识"教案及评析

教学方法

本课采用自主、探究、合作的方式。

教学过程

一、创设情境，初步感知

（播放视频《2006年7月12日洛桑田径超级大奖赛刘翔12秒88打破世界纪录》。）

师：视频中多次用到一个什么时间单位？

生：秒。

（出示红绿灯图片。）

师：在生活中，像这样计量很短的时间，常用比"分"更小的时间单位——秒。今天我们就来学习"秒的认识"。（板书课题）

二、秒的认识与体验

1. 认识秒针

（出示一面有秒针的钟表和一面没有秒针的钟表的图片。）

师：请大家找出它们有什么不同。

生：一个有秒针，一个没有秒针。

师：同桌间互相介绍一下秒针。

（同桌互相介绍秒针，课件出示秒针的自我介绍。）

2. 认识1秒

师：同学们观察一下钟面上秒针的走动，看一看秒针走1小格表示多长时间。

生：1秒。

师：为什么呢？你能不能举一些生活中的例子？

（学生结合生活实际回答，教师板书：秒针走1小格是1秒。）

3. 认识几秒

（1）秒针走几大格的时间计量

师：再观察钟面秒针的走动，你知道秒针走1大格是几小格吗？代表几秒？

生：5小格，是5秒。

师：那走2大格是几秒？走3大格、4大格呢？

（学生回答。）

（2）秒针走几大格加几小格的时间计量

师：秒针走了2大格加3小格，你怎样描述这段时间？

（学生自由回答。）

4. 同桌互动

师：下面同桌两个人利用学具钟互相拨一拨，要认真观察，并说一说秒针从几走到几经过了几秒。

（学生动手操作，同桌相互交流。）

师：把秒针拨一圈是几秒呢？

（小组合作，一个学生拨，其他同学说出经过的秒数，初步感知秒针走一圈是60秒。）

5. 体验探索，发现1分＝60秒

师：下面我们用课件演示一下秒针走一圈。大家要注意观察秒针在走一圈的同时分针是怎么变化的。要特别注意分针的走动呀！

（课件动态演示。）

生：秒针走一圈是60秒，也是1分钟。

（教师板书：秒针走一圈是60秒，也是1分，1分＝60秒。）

6. 认读电子表

（出示电子表图片。）

师：大家看看这块电子表上的时间是几时几分几秒。

生：12 时 34 分 56 秒。

三、看书质疑

师：同学们，打开教材自己认真看一遍本节教材内容，看看还有什么不明白的地方可以提一下。

（学生默读，提出质疑，教师解答。）

四、感受并体验 1 分、10 秒、1 秒的长短

1. 感受 1 分

师：同学们，我们知道了 1 分等于 60 秒，那 1 分钟到底有多长呢？我们一起来感受一下吧！请大家闭上眼睛，感受 1 分钟有多长，当你觉得 1 分钟到了，就请你从座位上轻轻地站起来。

（学生闭眼，课件出示钟面，有秒针走动的声音，走 1 分钟。）

2. 感受 10 秒

师：我们再感受一下 10 秒有多久。

（学生闭眼，课件出示钟面，没有秒针走动的声音，走 10 秒。）

3. 体验 1 秒

师：1 秒钟到底可以做些什么？你能不能用一个动作来表示 1 秒钟呢？照这样计算，1 分钟能做多少个这样的动作呢？

（学生回答。）

师：1 秒钟的时间虽然很短，可是一些现代化的工具却可以用 1 秒钟做很多事情，让我们一起走进生活看一看！

（课件出示：小汽车每秒约行驶 35 米；喷气式飞机每秒约飞行 500 米；"神舟九号"飞船每秒约飞行 7800 米。）

4. 体验1分

师：那么1分钟能做些什么呢？给大家1分钟时间，分小组自由活动，看看在1分钟之内都能做些什么。

（小组活动1分钟，汇报活动结果，教师适时渗透珍惜时间的思想教育。）

五、钟表的历史

（出示古代的计时工具图片，教师带领学生欣赏。）

沙漏　　　　　　　　　　日晷

六、课堂总结，谈收获

师：通过这节课的学习，你有什么收获？

（学生谈收获。）

师：同学们，时间是一分一秒积累起来的，今天我们珍惜了一节课的时间，学习了很多知识，老师相信大家在今后一定能珍惜分分秒秒，做时间的主人。让我们永远铭记古人的教诲：一寸光阴一寸金，寸金难买寸光阴！

七、布置作业

1. 发挥想象力，设计一面未来的钟。
2. 通过互联网搜索与钟表有关的资料，下节课召开一个新闻发布会。

教学反思

我认为，本节课在以下几方面做得比较好。

1. 以自主、探究、合作的方式，最大限度地提高了学生主动参与学习的热情，培养了学生的主角意识，重视学生的体验。新课程理念倡导自主学习，学生是学习的主人，教师只是教学活动的组织者、引导者、合作者。1

秒看不见，摸不着，要知道它到底有多长，只有让学生经历丰富的活动，才能形成自己的体验。在教学中，我让学生看着钟面秒针的走动，用各种形式感受1秒、10秒、1分的长短，让学生在实际活动中体验估计较短时间的常用方法，加深了学生对较短时间的认识。

2. 关注学生的生活经验，使数学学习活动与生活实际相联系。在教学中，我借助与学生生活息息相关的内容，结合学生的生活经验，组织开展丰富多彩的实践活动。通过感受1秒钟能做哪些事情，让学生在实际情境中体会分、秒的实际意义，让学生感悟1秒钟虽短但不能忽视，丰富学生对时间的感性认识，逐步养成遵守时间和爱惜时间的良好习惯。

3. 通过欣赏古代钟表、上网搜索钟表的来历以及召开新闻发布会等形式，让学生在敬佩祖先的同时感受网络与生活的联系。

（所获奖项：二等奖）

专家点评

本课教学目标设置合理，让学生在观察、体验的过程中认识时间单位"秒"，知道1分＝60秒，建立"秒"的时间观念。教学内容的设置及安排合理，通过让学生在观察钟表秒针行走的过程中、在教师的问题引导下认识秒，并通过亲身体验体会时间单位"秒"，最终完成教学目标。

教师通过展示刘翔夺冠视频和红绿灯的图片导入新课，激发了学生的学习兴趣，使学生初步认识了时间单位"秒"。接着，教师让学生对钟表秒针的转动进行观察及思考，使学生能够根据秒针行走的格数判断时间并认识到秒针走一圈就是1分钟。学生之间的互动以及对时间的体验，既能保持学生的学习兴趣，又能加深学生对知识的掌握。另外，教学结束时，教师对古代计时工具的介绍拓展了学生的知识面，使学生对古人产生敬佩之情。

（点评人：北京师范大学教育学部　鲁利娟）

在朴实中创新，在创新中不忘朴实
——"年、月、日"教案及评析

华 山[①]

教学背景

教学课时：1课时

教学准备：

1. 学生：每组准备一袋月历卡。
2. 教师：制作多媒体课件；准备给每位同学的一封信，不同年份的年历；在互联网上搜索与本课教学内容相关的素材。

教学目标

1. 认识时间单位"年、月、日"，了解它们之间的关系。
2. 了解平年、闰年的有关知识，知道每个月及平年、闰年各有多少天。
3. 通过学习、交流，掌握每个月天数的记法和平年、闰年的判定方法。
4. 培养学习兴趣以及观察、判断、推理的能力。

教材分析

时间是物质存在的一种形式，是物质运动变化的持续性、顺序性的变化。年、月、日正是人们在长期观察这些物质运动变化的基础上，利用地球自转与太阳公转的规律而制定的时间单位。因此，年、月、日的相关知识既包含了严密的数学知识，又包含了丰富的自然科学知识，是自然知识与数学知识的有机结合。

[①] 华山，重庆市北碚区朝阳小学。

教学重难点

1. 认识时间单位"年、月、日"。
2. 掌握每个月天数的记法和平年、闰年的判定方法。

教学方法

采用观察法、小组讨论法、统计法。

教学过程

一、激趣导入

师：同学们，听说要给大家上一节公开课老师非常高兴，你们高兴吗？

生：高兴！

师：既然这么高兴，老师也不能空着手来，我给大家带来了一份小礼物，就在给你们的信封里，请你们打开来看看，是什么礼物啊？

生：年历。

师：你拿到的是哪一年的年历呢？

生：我拿到的是 2008 年的年历。

生：我拿到的是 2012 年的年历。

……

师：哦，同学们收到的是一些像这样的不同年份的年历。

（出示年历图片。）

年历

二、探究新知

1. 圈圈、说说，感受年、月、日与生活的密切联系

师：你们会看年历吗？

生：会！

师：请在你的年历上圈出你的生日。

（学生圈画生日。）

师：谁愿意告诉大家你的生日是几月几日？

（学生回答。）

师：你们能在年历中圈出我们伟大祖国的生日吗？快圈一圈吧！

（学生圈画）

师：是几月几日？

生：10月1日。

师：对，1949年10月1日，中华人民共和国成立了。（播放视频《1949年开国大典》）从这一天起，我们的祖国就越来越强盛了。

师：2005年10月12日，"神舟六号"飞船载着两名宇航员遨游了太空，（播放视频《"神舟六号"升空》）2005年10月17日"神舟六号"飞船成功返回了地球，它标志着我国的航天事业翻开了新的篇章。目前掌握这项技术的国家全世界只有3个。作为中国人，你们感到自豪不自豪？

生：自豪！

师：再来看看这是什么日子？

（出示六一儿童节图片。）

生：六一儿童节。

师：这是你们的节日，快在你们的年历上把这一天圈出来吧。

在朴实中创新，在创新中不忘朴实
——"年、月、日"教案及评析

（学生圈画。）

师：今天是星期几？

生：今天是星期四。

师：今年的 4 月有几个星期零几天？

（学生观察 4 月的月历。）

生：4 个星期零 2 天。

师：看来我们的生活和年、月、日是密不可分的。年、月、日和我们以前学过的时、分、秒一样，都是时间单位，这节课我们就共同来探究年、月、日的有关知识。（板书：年、月、日）

2. 小组合作，探究年、月、日之间的关系

(1) 了解一年有多少个月

师：看一看你们手里的年历，一年有几个月？

（学生观察。）

生：我的是 2010 年的年历，有 12 个月。

生：我拿的是 2009 年的年历，也有 12 个月。

师：哦，看来不管是哪一年，都有 12 个月。（板书：一年有 12 个月）

(2) 观察一年中每个月天数的规律

师：观察你们的年历，每个月有多少天？请大家观察每月的天数有什么规律。

（学生观察，教师巡视。）

师：把你所获得的信息与小组的同学交流一下。

（小组交流。）

师：哪个组来汇报？

生：我们组发现有的月份是 31 天，有的是 30 天；2 月有时候是 28 天，有时候是 29 天。

（教师板书：31 天、30 天、29 天、28 天。）

师：看来每个月的天数不完全相同，你们真善于观察。

生：我们组发现 1 月、3 月、5 月、7 月、8 月、10 月、12 月这几个月都是 31 天，4 月、6 月、9 月、11 月这几个月都是 30 天。

（教师板书。）

师：你们组发现了这样的规律，真棒！我们习惯上把有 31 天的月份称为大月，（板书：大月）把有 30 天的月份称为小月。（板书：小月）

（出示关于大月、小月的资料，学生阅读。）

师：大月是哪几个月？小月是哪几个月？

生：大月是1月、3月、5月、7月、8月、10月、12月，小月是4月、6月、9月、11月。

师：2月是个特殊的月份，有28天或29天。

（出示关于平月的资料，学生阅读。）

（3）想办法记忆每月的天数

师：现在我们都知道了一年12个月中大月的天数、小月的天数和2月的天数。要想记住每个月的天数不是件容易的事，有什么办法能帮我们快速记住每个月的天数呢？你们能想出什么好办法吗？快和同桌商量一下。

（同桌讨论。）

师：下面请同学们介绍自己想出的记忆方法。

生：我们发现7月及7月前面的单数月份，8月及8月后面的双数月份是大月，除了2月特殊，剩下的其他的月份都是小月。

师：再给大家介绍几种方法。第一种是拳头记忆法。手握拳头，手指与手掌相连处的那个关节很像山，鼓起的地方像山峰，就当作大月，凹下去的地方像山谷，就当作小月。这里请注意，2月特殊。从食指突出的关节开始为1月，食指与中指间凹进去的为2月，照此数到小指突节为7月，然后再返回食指，重新从8月顺数下去到12月为止。

（学生跟教师学。）

师：老师还有个好办法——歌诀记忆法。

（课件出示：一三五七八十腊，三十一天永不差，四六九冬三十天，只有二月有变化。）

师：这里的"腊"是指哪个月呢？

生：12月。

师："冬"呢？

生：11月。

师：我们一起来读一下好吗？

（学生齐读。）

（4）做游戏

师：12个月的天数我们知道了，下面我们用笔和文具盒来玩个游戏。我说月份，如果是大月你们就举起文具盒同时说"大"，如果是小月你们就举起笔同时说"小"，看谁举得、说得又快又准。

（师生做游戏。）

师：2月你们举吗？为什么？

生：不举。因为2月既不是大月，也不是小月。

师：2月这个比较特殊的月份也没难住你们，表现得不错！

3. 计算全年的天数，认识平年、闰年

（1）计算全年天数，引出平年、闰年

师：我们已经知道了一年中每个月的天数，那么一年有多少天呢？快算算！

生：一年有365天。

师：说说你的算法。

生：把每个月的天数加起来。

师：请问你算的这一年，2月有多少天？

生：这一年2月有28天。

（教师板书：365天。）

师：如果2月有29天，一年有多少天呢？

生：有366天。

师：还有别的算法吗？

生：先算所有大月有多少天，所有小月有多少天，再加上2月的天数，就能算出一年的天数。

师：你会根据规律来算，不错！我们把2月有28天的年份称为平年，把2月有29天的年份称为闰年。（板书）请大家说说平年一年有多少天？

生：365天。

师：闰年一年有多少天？

生：366天。

（2）探究规律

师：刚才说到2月很特殊，平年的2月是28天，闰年的2月是29天。这样说来要想知道这一年是平年还是闰年，只要知道哪个月份的天数就可以了？

生：2月。

师：大家看，每组都有一袋从1997年到2006年2月的月历卡，请拿出来看一看，这些年份中的2月是多少天？下面我们按顺序说出每年2月的天数，谁愿意来？

（学生依次汇报，教师课件展示。）

师：同学们按顺序说出了从1997年到2006年2月的天数，真棒！下面请同学们认真观察，你能从中发现什么规律？

（学生观察、思考。）

生：每四年就有一个闰年。

（3）播放课件，揭示规律

师：为什么会这样呢？这和天体运动有关，我们一起来看。

（播放视频《平年闰年》，学生观看。）

师：每四年就有一个闰年，是不是就完全解决问题了呢？请同学们再一起看看。

（出示资料。）

师：年份是4的倍数的一般来说是闰年，年份是整百数的必须是400的倍数才是闰年。同学们，想不到吧，年、月、日中还蕴藏着这么多科学奥秘呢！

（4）尝试判断平年、闰年

师：2000年是平年还是闰年？

生：闰年。

师：我们可以看2000年的2月月历是29天，还可以想2000刚好有5个400，是400的5倍，所以是闰年。

师：2100年是平年还是闰年呢？

生：平年。

师：为什么？

生：因为2000年是闰年，再过400就是闰年，从2000年到2100年只经过了100年，所以，2100年是平年。

师：1900年呢？

生：1900年是平年，因为从2000年向前推400年才是闰年，到1900年只向前推了100年，所以，1900是平年。

三、综合运用

师："小马虎"给每个同学都写了一封信，请同学们根据今天所学的知识帮"小马虎"找出信中的错误。

（学生改正、汇报，集体评定。）

四、课堂总结

师：今天我们一起探索了有关年、月、日的知识，谁愿意来说说通过这节课你有哪些收获？

（学生总结。）

在朴实中创新，在创新中不忘朴实
——"年、月、日"教案及评析

师：同学们都说得不错，看来你们的收获真不小。课后同学们可以通过上网或阅读课外书了解年、月、日的更多知识。

教学反思

从严格意义上来说，本节课不是一节单纯的数学知识课，而是一节自然科学知识与数学知识相结合的课。

在教学时，我让学生从观察大量的年历入手，认识并了解年、月、日的关系。由于有些天文现象是学生不能直接观察到的，因此，我以互联网为教学工具，采取小组交流的方式，让学生了解更多课本上学习不到的有关历法方面的知识。最终以数学知识为载体来对自然科学知识进行判断和推论，这无疑是学生学习数学的根本。

我认为，我们的教学更多的应该是在朴实中创新，在创新中不忘朴实。什么才是学生学习的最终目的，值得我们每一个人深思。

（所获奖项：二等奖）

专家点评

"年、月、日"是数学知识，也是学生需要掌握的生活常识。在该教案中，教学目标设置明确，让学生通过观察和推理活动认识时间单位年、月、日，了解平年、闰年的相关知识，能正确判断平年和闰年。

教师通过给学生发放年历并介绍重大事件发生的日期导入新课，既拓展了学生的知识，又较好地引起学生的学习兴趣，营造了良好的学习氛围。让学生通过小组合作来解决教师所提出的问题，不仅使学生掌握了知识，也培养了学生的观察能力以及团队合作精神。但是教案并没有摆脱传统的以教师为中心的教学模式。

本课的知识难度不大，建议教师给予学生更多的时间去自主探索和发现，让学生利用互联网收集关于本课的知识，然后在课堂上以小组汇报的形式展示成果，这样既能让学生学习知识，也能锻炼学生解决问题的能力。

（点评人：北京师范大学教育学部　鲁利娟）

以活动贯穿全课，以美丽唤醒心灵
——"奇妙的图形密铺"教案及评析

祝祁岭[①]

教学背景

教学课时：1课时

教学准备：

1. 学生：在互联网上浏览密铺的相关资料，收集密铺的相关图片。

2. 教师：制作多媒体课件；准备平行四边形、梯形、正三角形、圆形、正五边形等图形；在互联网上收集与本课教学内容有关的素材。

教学目标

1. 学会利用互联网观察生活中常见的密铺现象，初步理解图形的密铺，通过拼摆各种图形探索并了解能够进行密铺的平面图形的特点。

2. 能够利用互联网的相关信息探究多边形密铺的条件，培养观察、猜测、验证、推理和交流的能力。

3. 在欣赏密铺图案和设计简单的密铺图案的过程中，体会图形的转换，感受数学知识与生活的密切联系，经历欣赏数学美、创造数学美的过程，从而激发学习数学的兴趣，体验学习数学的价值。

教材分析

这是一节根据有关平面图形特点进行观察、操作、思考和简单设计的数学实践活动。教材分三步进行：第一步是让学生观察生活中用砖铺成的地面、墙面——我将此环节改成让学生在电脑上共享课前收集的生活中的密铺图案，使他们对平面图形的密铺更有兴趣；第二步是让学生通过动手操作，

[①] 祝祁岭，江苏省连云港师范高等专科学校第一附属小学龙河校区。

探索能进行密铺的平面图形所具备的特点,使他们进一步体会密铺的含义;第三步是让学生通过欣赏和自主设计简单的密铺图案,进一步感受奇妙的图形密铺,获得美的体验。

教学重难点

1. 通过拼摆各种图形,探索并了解能够进行密铺的平面图形的特点。
2. 能运用一种或两种平面图形进行简单的密铺设计。

教学方法

本课采用直观教学法、自主学习法、合作学习法。

教学过程

一、观察理解,感受密铺

1. 观察

(出示学生课前搜索的密铺图形,在电脑上共享。)

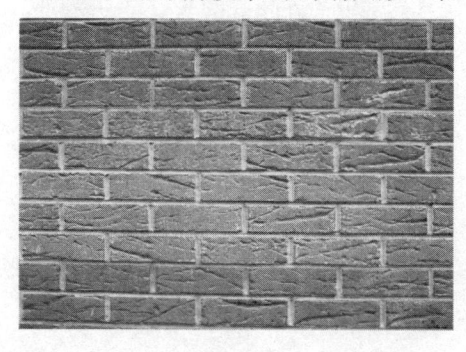

砖墙　　　　　　　　　　　　地板

师:同学们,在生活中随处可见这样的图案,你能在上面找到哪些我们学过的图形?你觉得它们有什么特点?

(学生回答。)

师:它们是由正方形、长方形、六边形等拼接而成的,这些图形拼接起来可以美化我们的环境。

2. 比较

师:为什么大家共享的图片中没有用圆形密铺的呢?老师这里有一张用

圆形构成的画面，比一比和你搜索的画面有什么不同。（出示图片）

（学生回答。）

3. 小结

师：通过比较，你认为怎样的图形拼接可以称为密铺？

（小组讨论，全班交流。）

师：要怎样定义密铺？我们来看看以下资料。（出示关于图形密铺规律的资料，板书：密铺——无空隙、不重叠）

【设计意图】通过共享密铺图片，唤醒学生的生活经验，使学生初步感受图形的密铺，然后引导学生通过观察、比较，总结密铺图形的含义，使他们用数学的眼光探究这些用来密铺的奇妙图形。

二、探究操作，体验密铺

1. 猜一猜

师：我这里准备了平行四边形、梯形、正三角形、圆形、正五边形等图形，请你猜猜哪种图形可以密铺，哪种不可以。

（学生猜测。）

师：为什么圆形不可以密铺？圆形和你认为可以密铺的图形有什么区别？

（学生回答。）

2. 拼一拼

师：刚才我们对这些图形能否密铺做了猜测，但事实是否和我们猜测的一样呢？我们一起来运用电脑验证一下。

（出示验证活动规则。）

师：每人选择一种图形铺一铺，边铺边思考密铺时要注意什么。铺好后在小组内交流验证结果，比较能密铺的图形和不能密铺的图形各有什么特征。

（学生选择图形密铺，交流方法，讨论可以密铺的图形的特征。）

师：梯形、正三角形、平行四边形、长方形、正方形能密铺；圆形、正五边形不能密铺。为什么圆形和正五边形不能密铺呢？这个内容以后会学到，有兴趣的同学可以课后通过互联网收集相关资料进行自主探究。

3. 凑一凑

师：怎样才能将圆形或正五边形进行密铺呢？

（学生讨论。）

师：一种图形不可以密铺，可以试着用两种或者更多种图形进行密铺。老师在电脑中为大家提供了如下图形。

师：请同学们根据自己的想法试一试，看看哪种图形可以和圆形、正五边形拼凑密铺。

（学生在电脑上操作，教师巡视，学生汇报。）

师：圆形和另外的几个图形都不能密铺，为什么？

生：因为圆形的边线是曲线，而这几个图形的边线都是直线，所以不能密铺。

师：你是怎样想到用十七边形和正五边形在一起密铺的？

生：先用正五边形铺，再看空出的图形是什么样子的。

（出示七巧板中两种图形密铺的图案。）

师：你能像这样用七巧板中的任意两种图形进行密铺吗？

（小组合作，集体反馈，展示作品，共同评价。）

【设计意图】通过猜一猜、拼一拼、凑一凑等活动，为学生探究问题提供了新的途径，学生在"思考—实践—总结—再思考—再实践—再总结"的过程中，进一步感受了图形密铺的特点，发展了空间观念。

三、欣赏密铺之美，创作密铺图案

1. 欣赏密铺应用之美

师：我们刚才了解了用一种图形或两种图形密铺，其实生活中还有用两种以上的图形密铺，甚至用不规则图形的密铺。

（出示图形密铺的图片，学生欣赏）

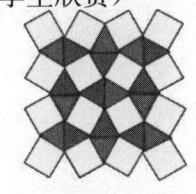

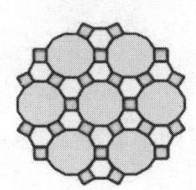

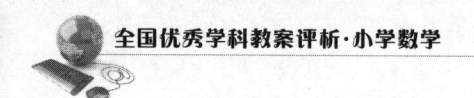

2. 欣赏埃舍尔密铺之美

师：同学们，密铺很神奇，很美，我在这里向大家推荐一位大师，他的密铺作品让人惊叹，他就是埃舍尔，大家可以点击下面的网址了解一下埃舍尔和他的作品。

（学生点击网址，了解埃舍尔，欣赏埃舍尔的密铺作品。）

3. 创作密铺图案

师：看到这么多美丽的密铺图案，相信同学们也想设计一幅更美的密铺图案吧，请充分发挥你的想象吧！

（学生创作，教师指导，学生展示。）

师：看了每个小组的作品，你觉得怎样？

（全班交流评析。）

【设计意图】通过对生活中的密铺图案的进一步观察和对埃舍尔及其作品的了解，让学生走进了奇妙的密铺世界，感受了密铺的神奇和美妙，陶冶了情操。最后让学生自主运用图形密铺的特点在电脑上进行设计，进一步加深了学生对图形密铺的认识，发展了学生的空间想象力。

四、回顾总结，拓展延伸

师：通过这节课的学习，你有什么收获？

（学生总结。）

师：课后我建议大家继续研究一下正五边形不能密铺的原因，写一篇数学日记。相信你们一定能行！

【设计意图】此环节激起了学生主动通过互联网浏览相关信息继而进行整合的积极性，培养了学生收集、处理、归纳、概括信息的能力，同时也使知识得以延伸。

教学反思

本节课的教学理念是用一个又一个的活动贯穿全课。

活动一：课前让学生在互联网上收集有关密铺的知识与图片，唤醒学生对生活中密铺的感知。

以活动贯穿全课，以美丽唤醒心灵
——"奇妙的图形密铺"教案及评析

活动二：在课堂上，将学生收集到的图片共享到电脑中，创造了人机共享的教学环境，再通过交流和讨论得到圆形密铺图形和其他密铺图形的区别，从而建立密铺概念的表象。

活动三：课中，我让学生猜测哪些平面图形可以进行密铺设计，哪些平面图形不可以进行密铺设计，并让学生选择一种图形进行密铺操作，使学生进一步体会图形密铺的特点。接下来，在"凑一凑"环节中，我又渗透了在一种图形不能密铺的情况下，可以用两种图形进行密铺的相关知识，为学生探究正五边形与圆形怎样密铺的活动提供了新的途径。再通过动手拼摆七巧板，引导学生设计密铺图案，使他们体会到在学习数学知识的过程中也可以创造美，提高了学生学习数学的兴趣，从而进一步发展了空间观念。

活动四：在创作和欣赏环节，我运用互联网搜索让学生欣赏美丽的密铺图案，进入密铺的神奇世界，使学生对密铺的历史有了进一步的了解，充分感受到数学知识与生活的密切联系；鼓励学生运用图形密铺的特点进行团队合作创作，使学生发展空间想象力，获得成功的体验。最后的课外延伸活动，让学生借助互联网研究正五边形不能密铺的原因，激发学生对新知识和未知领域的探究欲望，达到促进学生借助互联网进行主动学习的目的。

（所获奖项：二等奖）

专家点评

在该教案中，教师合理设置教学目标，让学生在观察、猜测、验证和推理的过程中理解密铺图形的特点，并能运用一种或两种平面图形进行简单的密铺设计；恰当安排教学内容，为学生设计了利用互联网收集密铺图形、探究密铺图形的特点、自主设计密铺图形等活动。

教师让学生课前利用互联网收集密铺图形，并在课堂上共享密铺图案，分析密铺的含义，培养了学生的信息检索能力，引起了学生的学习兴趣，营造了良好的学习氛围。学生通过观察密铺图案发现其特点，并通过动手操作和小组合作探究验证不同形状的平面图形是否能够密铺，既锻炼了动手操作能力，也培养了推理能力。给学生展示埃舍尔的密铺作品开阔了学生的眼界，使学生感受到了密铺之美。让学生自主设计密铺图案有助于培养学生的创造性思维，加深学生对密铺图形特点的理解。

在教学过程中，教师能够将信息技术与传统的教学手段结合，优化教学，有利于学生掌握知识，实现教学目标。

（点评人：北京师范大学教育学部　鲁利娟）

以操作为主线，面向全体，全员参与
——"认识三角形和平行四边形"教案及评析

林艳红[①]

教学背景

教学课时：1课时

教学准备：

1. 学生：准备长方形、正方形纸，钉子板，剪刀，小棒。

2. 教师：制作多媒体课件；准备长方形、正方形纸；在互联网上收集与本课教学内容相关的素材。

教学目标

1. 通过对长方形或正方形进行折、剪、拼的活动，直观认识三角形和平行四边形，知道这两种图形的名称，能识别三角形和平行四边形，初步知道它们在日常生活中的应用。

2. 在折图形、剪图形、拼图形等活动中，体会图形的变换，发展空间想象能力。

3. 在学习活动中积累对数学的兴趣，增强与同学交往、合作的意识。

教材分析

本课教材安排了许多折、剪、拼的活动，能使学生感受图形之间的联系，有利于培养学生的空间观念和解决问题的能力，有利于发展学生的数学思维。教材还设置了一些开放性问题，如在钉子板上围三角形、平行四边形，围成的这些图形可以有大有小，有不同的位置。这些活动能激起学生探索的欲望，培养学生的创新意识。

[①] 林艳红，河南省平顶山市卫东区建东小学。

以操作为主线，面向全体，全员参与
——"认识三角形和平行四边形"教案及评析

▎教学重难点

从三角形、平行四边形的实物中抽象出平面图形，并正确认识它们。

▎教学方法

本课采用直观教学法、操作法、小组合作讨论法等教学方法，同时配以形象动态的多媒体演示，让学生自己动手、动脑，感受探求知识的乐趣。

▎教学过程

一、游戏激趣

师：同学们，你们喜欢折纸吗？你们想折纸吗？今天老师就和大家一起玩折纸游戏，好吗？

生：好！

二、新课教学

1. 认识三角形

（1）折一折

（出示一张正方形纸。）

师：这张纸是什么形状的？你能把它折成一样的两部分吗？

（学生操作，出现了两种情况：一种是不规则地折；另一种是有的对折成长方形，有的对折成三角形。）

师：上下（或左右）两条边对齐，折出来的分别是什么图形？

生：长方形。

师：折出了几个长方形？它们一样吗？

生：折出了两个一样的长方形。

师：把对面两个角对齐折出来的是什么图形？

生：三角形。

师：这两个三角形一样吗？

生：一样。

师：三角形就是我们今天要认识的新朋友。（板书：三角形）

（2）说一说

（课件出示三角形。）

师：同学们，仔细瞧瞧这个新朋友长什么样啊？

生：三角形有尖尖的三个角，直直的三条边。

师：你们观察得真仔细，在平时的生活中，我们也经常碰到三角形。

（出示三角形物体的图片。）

三角尺 　　　　　　　交通标志

师：这些物体上都有三角形。你在生活中还见过哪些物体是三角形的？

（学生举例。）

师：三角形有很多种。

（出示图片。）

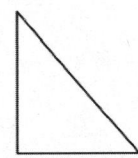

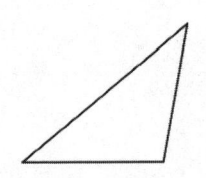

锐角三角形　　直角三角形　　钝角三角形

（3）围一围

师：我们知道了身边的许多物体的面是三角形的，那你能在钉子板上围出一个三角形吗？各自围一围，然后同桌相互展示，如果有困难，相互帮助。

（学生操作、展示。）

（4）画一画

师：大家都有一双灵巧的小手，如果用彩笔把自己喜欢的三角形画在方格纸上，那一定非常漂亮，要不要试一试？提醒大家，三角形三个尖尖的角最好画在方格纸的交叉点上。

（学生画。）

2. 认识平行四边形

（1）折一折

（出示一张长方形纸。）

师：这张纸是什么形状的？怎样折一下能把它折成两个完全一样的三角形？

（同桌商量试折。）

师：折好后把两个三角形剪下来。要想知道这两个三角形是不是完全一样，你有什么办法？

（学生思考、回答。）

（2）拼一拼

师：现在我们手里都有两个一样的三角形，用它们拼一拼，看看能拼成什么图形。

（学生拼图形，全班展示。）

师：这个图形真漂亮，它叫什么名字？

生：平行四边形。

（教师板书：平行四边形。）

（出示图片。）

篱笆　　　　　　　　　　　楼梯

师：在这些地方找到平行四边形了吗？

（学生回答。）

（3）围一围

师：你们能在钉子板上围出平行四边形吗？动手围一围，同桌相互检查、相互帮助，再上台来展示给大家看。

（学生操作、展示。）

（4）画一画

师：请大家试着在方格纸上画出平行四边形，然后说说怎样准确地画出平行四边形。

（学生画、展示、回答。）

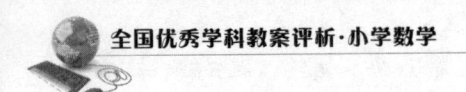

三、巩固提高

1. 涂一涂

（出示课件。）

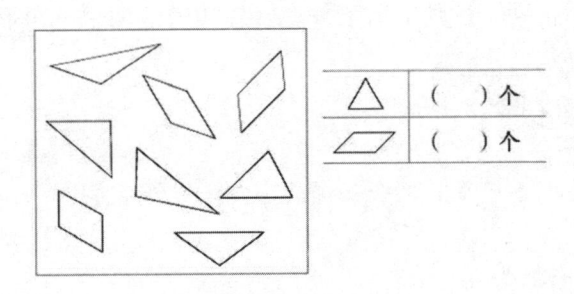

师：这里有哪些图形？如果要把这些图形用颜色分开，你认为用几种颜色合适？

（学生回答。）

师：请同学们先用水彩笔给这些图形涂上颜色，再数一数每种图形有多少个，并填在表格里。

（学生涂色、填表。）

2. 拼一拼，搭一搭

师：你能用6根同样长的小棒摆出三角形和平行四边形吗？试一试用8根小棒能摆出什么图形。

（学生摆图形。）

师：用两个完全一样的三角形能拼成一个平行四边形吗？有几种拼法？

（学生拼，展示结果。）

师：用一个平行四边形和两个完全一样的三角形能拼成什么图形？

（学生拼，展示结果。）

四、课外延伸

师：我们刚才拼出了许多不同的图形，下课后拼给同学看一看，回家后拼给爸爸妈妈看一看，好吗？

生：好。

教学反思

本课始终以操作为主线，配合多媒体教学，面向全体，全员参与，让学生通过操作思考和小组讨论，主动探索新知。上完这节课，我总结了以下几点。

1. 倡导合作交流的学习方式

整节课以小组活动为主线，让学生在小组内操作、交流、展示，在合作学习中学会了互相帮助，增强了合作精神，提高了交流能力；充分体现了以学生为本的思想，教师作为组织者、引导者和合作者，让学生在玩中学，学中玩，既活跃了学生的思维，又调动了他们的学习积极性和主动性；让学生动手、动脑、动口，多种感官参与，调动了学生的学习兴趣，使每个学生在学习过程中都有不同程度的发展。

2. 关注数学与生活的联系

在教学中，我注意引导学生到生活中找三角形和平行四边形，使学生直观、全面地感知这两种图形的形状，增强对几何图形源于生活的认识。

3. 培养学生的动手操作能力

学生所接触的事物大多与图形和空间有关，良好的空间观念是学生数学素养的重要内涵。从正方形对折成一样的两部分引出三角形，再从两个完全一样的三角形拼成的图形中引出平行四边形，我在教学中安排了大量的类似这样的实际操作活动，让学生充分感知了几何图形。

4. 不足之处

这节课上，有的数学活动虽然进行了，但是没有进行到位，有的还可以进一步让学生去操作。

（所获奖项：二等奖）

专家点评

在该教案中，教师对教学目标的设置明确，对教学内容的安排合理，通过引导学生开展"折一折""拼一拼"等活动，使学生直观认识三角形和平行四边形，发现不同形状的图形之间的联系。

教学伊始，教师通过引导学生动手制作三角形，较好地引起了学生的学习兴趣，认识了三角形的基本特点；通过引导学生折出两个完全相同的三角形并拼成平行四边形，让学生对平行四边形有了初步的直观认识；通过让学生给不同的图形涂色以及用小棒进行"拼一拼"活动，加深了学生对三角形和平行四边形的认识。在整个教学过程中，学生的课堂参与度较高，保持了浓厚的学习兴趣，课堂教学效果比较好。

（点评人：北京师范大学教育学部　鲁利娟）

动手实践，自主探究，合作交流
——"三角形的面积"教案及评析

张文武[1]

教学背景

教学课时：1课时

教学准备：

1. 学生：每组准备两个三角形。

2. 教师：制作多媒体课件；利用互联网搜索与本课教学内容相关的素材。

教学目标

1. 通过动手操作，使学生亲身经历三角形面积公式的探索过程，概括出三角形面积的计算公式。

2. 能说出三角形面积的计算公式，会根据公式正确进行计算，会应用三角形的面积公式解决简单的实际问题。

3. 感受数学问题的趣味性，提高学习数学的兴趣。

4. 通过多种学习活动，培养抽象、概括和推理的能力，培养合作意识和探索精神。

教材分析

三角形的面积计算是学生在掌握了三角形特征的基础上学习的，它是进一步学习圆面积和立体图形表面积的基础知识之一。因此，体验和感知三角形面积计算的探索过程，掌握三角形面积计算公式，是学生后继学习的重要基本技能和基础知识。

---

[1] 张文武，河南省新郑市薛店镇观沟小学。

动手实践，自主探究，合作交流

——"三角形的面积"教案及评析

教学重难点

1. 理解三角形面积计算公式的推导过程，会根据公式正确地计算三角形的面积。

2. 应用三角形面积的计算公式解决生活中的实际问题。

教学方法

本节课以学生为中心，在操作中让学生主动探索，主动发现，并在小组活动中与人沟通、合作；在探索三角形面积的过程中，充分信任学生的学习能力，分组讨论，动手操作，促进师生之间、学生之间的合作交流，提高学生的学习兴趣，促使每个学生在数学上都得到适度的发展。

教学过程

一、创设情境，提出问题

1. 七巧板中的三角形

师：我们小时候玩的七巧板中有三角形吗？

生：有。

（播放视频《有趣的七巧板》。）

2. 生活中常见的三角形

（出示图片。）

衣架 　　　　　　　三角铁

师：同学们天天佩戴的红领巾是什么形状的？你们能算出红领巾的面积吗？

红领巾

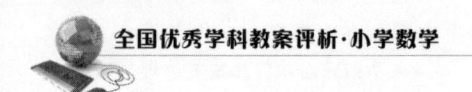

（学生讨论、交流。）

【设计意图】设计此问题的目的是激发学生的探究欲望，引导学生将实际问题转化成数学问题，即"怎样计算三角形面积"的问题。

二、动手操作，探究新知

1. 探究操作

师：怎样应用所学的方法探究三角形面积的计算公式？

（1）数方格

师：用数方格的方法算三角形面积，每一个小正方格代表1平方厘米，不满一格的都按半格计算。

（学生数方格、汇报。）

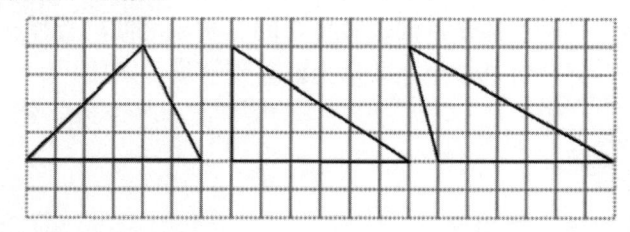

师：但是这种方法不准确，又比较麻烦。

（2）动手操作，拼一拼

师：用每一组的两个三角形拼成一个已学过的图形。

（学生动手操作。）

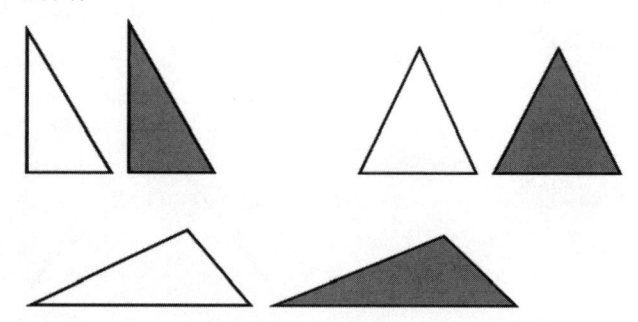

【设计意图】让学生动手按不同的要求数、拼三角形，鼓励学生进行想象，然后分小组动手操作验证自己的想象，通过小组间合作交流学习，充分调动学生观察、思考、归纳的积极性。

2. 展示拼、移过程

（课件动态展示拼、移三角形的过程。）

3. 推导出三角形面积的计算公式

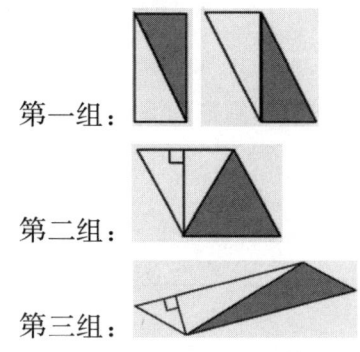

第一组：

第二组：

第三组：

师：老师提出几个问题，大家一起想一想。每一组两个完全一样的三角形与拼成的长方形或平行四边形之间有什么关系？平行四边形的底等于三角形的什么？平行四边形的高等于三角形的什么？每个三角形的面积是所拼成的长方形或平行四边形面积的多少？

（学生回答。）

师：所以，三角形的面积＝底×高÷2。那么求三角形的面积为什么要除以2？

（学生回答。）

【设计意图】三角形面积公式的得出体现了知识的发生、发展和形成过程。用多媒体演示，验证学生的猜想，接着让学生用数学语言概括这一结论，尽管学生讲的可能不完全正确，但对于培养学生用数学语言对知识进行抽象、概括是有益的，同时也发挥了学生的主体作用。

4. 用字母表示面积公式

师：用 S 表示三角形的面积，用 a 和 h 分别表示三角形的底和高，那么三角形面积的计算公式还可以表示成 $S＝ah÷2$。

三、强化训练，巩固新知

1. 验证

师：应用公式计算下面三角形的面积。

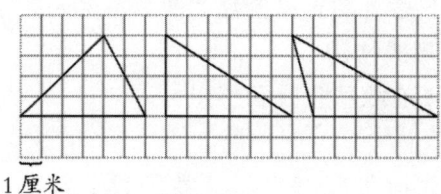

1厘米

（学生独立解答。）

【设计意图】通过本练习，让学生进一步熟悉三角形的面积公式，使学生获得成功的喜悦，提高学生学习数学的积极性。

2. 做一做

师：指出下面每个三角形的底和高，并分别算出它们的面积。

（学生独立解答。）

【设计意图】通过做一做，让学生更深入地理解三角形的面积公式。

四、解决问题，延伸迁移

1. 练习一

师：一种零件有一面是三角形，三角形的底是 10 厘米，高是 4 厘米。这个三角形的面积是多少平方厘米？

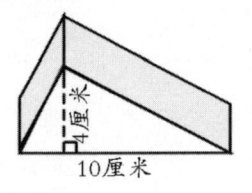

（学生独立解答。）

【设计意图】教学时结合学生的实际情况，采取学生演说、教师板书的方式共同完成此题，让学生获得成功的喜悦，培养他们学习数学的兴趣。

2. 练习二

师：量出你的红领巾的底和高，然后计算出它的面积。

（小组合作学习。）

【设计意图】这部分内容的设计具有开放性，充分发挥了学生的想象力、创造力和动手能力，使学生真正成为数学学习的主人。

五、整理知识，形成结构

师：这节课你主要有哪些收获和感想？

（学生总结。）

师：你知道吗？大约在 2000 年前，我国数学名著《九章算术》中就论述了平面图形面积的算法。书中说："方田术曰，广从步数相乘得积步。"其中"方田"是指长方形田地,"广"和"从"是指长和宽,也就是说,长方形的面积＝长×宽。书中还说:"圭田术曰,半广以乘正从。"其中"广"指三角形的底边,"正从"指三角形的高,也就是说,三角形面积＝底×高÷2。

六、课堂检测

1. 判断

(1) 两个形状一样的三角形,可以拼成一个平行四边形。（ ）

(2) 平行四边形面积一定比三角形面积大。（ ）

(3) 一个平行四边形与一个三角形等底等高,那么平行四边形的面积一定是三角形面积的2倍。（ ）

(4) 底和高都是0.2厘米的三角形,面积是0.2平方厘米。（ ）

2. 填空

(1) 任意两个完全一样的三角形都可以拼成一个和它等（　　）等（　　）的（　　）形。每个三角形的面积是拼成的图形面积的（　　）,所以三角形面积等于（　　）。

(2) 用字母表示三角形面积的计算公式是（　　）。

(3) 一个三角形面积是24平方厘米,和它等底等高的平行四边形的面积是（　　）平方厘米。

3. 计算下面图形的面积（单位：分米）

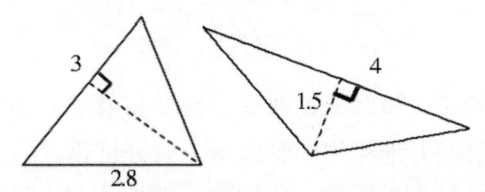

4. 解决实际问题

一块三角形的玻璃,量得它的底是12.5分米,高是7.8分米。这块玻璃的面积是多少?如果每平方分米玻璃的价钱是0.9元,买这块玻璃需要多少钱?

【设计意图】此环节旨在考查学生本节课的目标达成情况,检验授课情况和学生的学习效果,以便及时反馈矫正,查漏补缺。

教学反思

本节课我紧紧围绕通过让学生发现三角形面积与已学的平行四边形面积

的联系，自主探究三角形面积计算公式的推导过程，激发学生学习数学的兴趣，不断体验和感悟数学的方法，使学生学会学习。学生在师生、生生及小组互动中解决了问题，获取了知识，顺利完成了教学目标，成功之处主要表现在以下几个方面。

1. 学生在探索活动中体验到了数学与生活的联系，获得了积极、愉悦的情感体验，培养了学习数学的兴趣。

2. 通过学习，学生感受到数学知识的内在联系的逻辑美，进一步形成对立统一的辩证思想，学生的逻辑推理、分析问题、解决问题的能力都得到提升。

3. 学生感受到我国数学文化历史的悠久与魅力，增强了民族自豪感，激发了学生努力学习数学的热情。

但在本节课教学中也存在一些困惑和遗憾。如对于通过割补把一个三角形转化成其他图形，学生仍感到困难，由于受知识的限制，学生拿着三角形不知该如何下手；如何在有限时间内处理好课堂教学目标与学生探索能力之间的关系也是值得我继续思考和探索的问题。

在今后的教学中，我将更加努力，多锻炼，多学习，努力提高数学素养，增强课堂教学应变能力，练就一身硬功夫，以便更好地为学生服务。

（所获奖项：二等奖）

专家点评

从该教案可以看出，教师备课认真，教学目标、内容的设置符合学生的身心发展特点，能够较好地运用信息技术支持并优化教学过程。

教师通过介绍生活中常见的三角形导入新课内容，较好地引起学生的学习兴趣，营造了良好的学习氛围。通过让学生利用三角形拼接出已经学过的图形，引导学生发现两个完全一样的三角形可以拼成一个平行四边形，思考三角形与平行四边形之间的关系，从而推理出三角形的面积是平行四边形面积的一半。这个过程既锻炼了学生动手操作的能力，也培养了学生观察分析、逻辑推理的能力。最后，通过解答与实际生活密切相关的练习题，加深了学生对三角形面积计算公式的理解，强化了学生的实践能力，并且通过介绍《九章算术》中平面图形面积的算法拓展了学生的知识面，使学生感受到我国数学文化的悠久历史。

本课的知识难度不大，学生可以通过观察分析推理出三角形面积是平行四边形面积的一半，从而掌握三角形面积的计算方法。课后练习可以不拘泥于课本上的习题，给学生布置一些具有创造性且包含综合知识的习题来评价学生的学习成果。

（点评人：北京师范大学教育学部　鲁利娟）

设置数学学习情境，激发学生主动参与
——"体积与容积"教案及评析

王炜明[1]

教学背景

教学课时：1课时

教学准备：

1. 学生：准备橡皮泥。
2. 教师：制作多媒体课件；利用互联网搜索与本课教学内容有关的素材；准备两个相同的量杯，两个大小差不多的水杯，水。

教学目标

1. 通过具体的实验活动，了解体积和容积的实际含义，理解物体体积和容积的概念。
2. 在操作、交流中，感受物体体积的大小，理解体积的大小与形状变化无关的原理，发展空间观念。
3. 在观察、操作、猜测、交流、反思等活动中逐步体会数学知识，从而获得积极的情感体验，感受数学的力量。

教材分析

体积与容积的学习是在学生学习了长方体、正方体的特点及长方体、正方体的表面积的基础上进行的。这一内容是学生进一步学习体积的计算方法等知识的基础，也是发展学生空间观念的重要载体。

---

[1] 王炜明，福建省泉州市晋江内坑怀斧小学。

设置数学学习情境，激发学生主动参与
——"体积与容积"教案及评析

教学重难点

1. 了解体积和容积的实际含义。
2. 理解体积的大小与形状变化无关的原理。

教学方法

本课首先通过再现《乌鸦喝水》的故事把知识与现实生活联系起来，再通过实物观察活动、想象活动、操作与表达活动，让学生感知和体验体积与容积的意义，发展空间观念。

教学过程

一、创设情境，故事导入

1. 初步感受体积

师：大家都听过《乌鸦喝水》的故事吧？在这个故事里蕴含着什么样的数学知识呢？

（播放视频《乌鸦喝水》。）

师：聪明的乌鸦是用什么办法喝到水的呢？

生：往瓶子里丢石头。

师：为什么把石头丢进瓶子里，瓶子里的水就升高了呢？

生：石头占空间。

师：原来石头要占一定的空间。（板书：占空间）其实所有的物体都占有一定的空间。比如，一个人占有一定的空间，课桌也占有一定的空间。你还能举出这样的例子吗？

（学生举例。）

2. 初步比较体积大小

（出示图片。）

篮球　　　　　　　　　　棒球

师：篮球和棒球哪个占空间大？哪个占空间小？

生：篮球占的空间大，棒球占的空间小。

师：谁能说说生活中哪些物体占空间比较大？哪些物体占空间比较小？

（学生回答。）

3. 实物体积比较

（出示大小差不多的土豆和红薯。）

师：这里有一个土豆和一个红薯，哪个占的空间大？请同学猜一猜。

（学生猜测。）

师：用眼睛看很难做出判断。想想能用什么办法解决？

（同桌互说。）

二、设计实验方案，感知体积和容积的意义

1. 感知体积的意义

（教师展示两个大小相同的量杯，里面放进同样多的水。）

师：请大家观察一下，现在的水面在哪里？

（学生观察，回答。）

（把土豆放入一个量杯中。）

师：同学们观察发生了什么变化？

生：水面上升。

师：水面上升说明了什么？

生：土豆占空间。

（把红薯放入另一个量杯中。）

师：把红薯放入水中，水面也上升了。观察并比较两个杯子中的水，你有什么发现？为什么？

生：水面的高度不一样，红薯杯子里的水面高，说明红薯占的空间更大。

师：从刚才的实验中，我们知道土豆和红薯所占空间的大小是不一样的。有的大，有的小，我们把物体所占空间的大小，叫作物体的体积。

师：比一比，老师与你们相比，谁的体积大？你还能再举几个这样的例子吗？

（学生回答，举例。）

2. 试一试

（出示课件。）

师：看看谁搭的长方体体积大。

（学生先观察，后计算并说出理由。）

三、感知容积的意义

（出示图片。）

水杯 　　　　　　　　　不锈钢盆

师：这是什么？它们是干什么用的？

（学生回答。）

师：像这种能装东西的物品，我们叫它容器。（板书：容器）

（出示两个大小相差不多的水杯。）

师：如果分别往里面倒入水，这两个容器哪个容纳的水多？

（学生猜测。）

师：当我们用眼睛看不出来时，最好动手验证一下。你能设计一个实验解决这个问题吗？

（学生讨论，说方法。教师选择一至两种方法进行实验展示：①先把一个水杯装满水，然后倒入另一个水杯，如果第二个水杯中的水不满，说明第二个水杯大；如果第二个水杯中的水正好也满了，而且没有剩余，说明两个水杯一样大；如果第二个水杯中的水溢出，说明第一个水杯大。②先把两个水杯都装满水，再分别把水放入量杯中，以此来判断谁装的水多。）

师：从实验中我们可以看到，哪个杯子装的水多，我们就说哪个杯子的容积比较大。（板书：容积）什么是容积？说说你的理解。

（学生回答。）

师：容器所能容纳物体的体积，叫作容器的容积。为什么这里不说所能容纳水的体积而是说物体的体积？

生：因为它们还可以装沙子或其他东西。

师："所能容纳"是什么意思？

生：能装多少就装多少，在装满的情况下。

（教师演示：倒半杯水。）

师：这时候所装的水量是不是杯子的容积？

生：不是。

（教师演示：倒满水。）

师：此时杯子所容纳的最大容量才是杯子的容积。

师：今天我们认识了体积与容积，（板书，将课题补充完整）你对它们还有什么不理解的，可以提出来。

（学生提问，教师释疑。）

四、巩固应用，构建意义

1. 玩橡皮泥

师：用一块橡皮泥，第一次把它捏成长方体，第二次把它捏成球，两次捏成的物体哪一个体积大？先猜想，然后说说为什么。如果捏成任意形状的物体，体积有没有变化？自己拿一块橡皮泥捏一捏，猜一猜。

（学生操作、思考，全班交流。）

师：物体形状发生了变化，但体积保持不变。

2. 巩固练习

（课件出示练习题。）

1. 用枚数相等的硬币分别垒成下面的形状，哪一个体积大？为什么？

    1元硬币　　1角硬币　　1元硬币

2. 小明和小红各有一瓶同样多的饮料，小明倒了3杯，而小红倒了2杯，你认为有可能吗？为什么？

设置数学学习情境，激发学生主动参与
——"体积与容积"教案及评析

师：请同学们做一做。

（学生独立解答。）

五、评价体验，交流心得

师：这节课学习了什么内容？你能否根据你的收获对自己或者同学在课堂中的表现做出评价？

（学生总结。）

教学反思

1. 提供生活化的学习材料，创设问题情境

数学新课标指出，要强调从学生已有的生活经验出发，让学生亲身经历从实际问题抽象出数学模型并进行解释与应用的过程。小学数学教学中，学生认知的构建与知识的获取之间往往有一道不可逾越的鸿沟。如何跨越这道鸿沟呢？我认为应该多创设贴近学生生活实际的、具体形象的问题情境，让学生调用各种感官去体验、感受、获得对数学事实和经验的理性认知。

在导入教学中，我首先利用学生一年级学过的故事引入，一下子就把学生带入学习的情境，并且引导学生很自然地运用了"空间"一词回答为什么水面会升高。通过举例，学生关注到教室里所有的物体都占据了一定的空间，突破了教学难点。

2. 突出探究活动，亲历"做"数学

学习方式的转变是新课程改革的重要目标之一。数学新课标指出，有效的数学学习活动不能单纯地依赖模仿和记忆，动手实践、自主探索与合作交流等都是学生学习数学的重要方式。因此，数学新课标在"空间与图形"的内容中，十分强调数学学习活动的情境设置和学生的主动参与。

教学中，我先出示大小相差很多的两个物体让学生辨别物体体积的大小，再出示两个大小差不多的物体让学生比较，引发学生思考。课堂上，学生想出了两个可行的办法。有了办法，接下来学生就会迫不及待地、主动地进入探究阶段。实践的方法是学生说出的，实践的过程是学生亲自参与的，自始至终教师都只是组织者。学生在"做"数学中明白了物体所占空间有大有小，并学会了如何比较两个相差不大的物体的大小。

3. 激发情感体验，学而有兴，学而不累

与其他数学内容相比，"空间与图形"的教学更容易激起学生对数学的情感体验。学生从自己的数学现实出发，通过操作、观察、类比、分析、归

纳出体积大小与形状的变化无关,学生学得轻松、学得愉快。

4. 不足之处

当学生想出用两种方法证明自己的猜测时,我只给学生提供了第一种方法的实验材料,让学生集中用第一种方法进行操作,没有照顾到想到第二种方法的同学的实验需求。

(所获奖项：二等奖)

专家点评

教师在该教案中采用了灵活多变的教学方法,通过合理的问题引导学生观察分析和思考推理,从而理解体积和容积的概念,较好地体现了"做中学"的思想。

教师让学生通过对实物的观察、想象、操作等活动了解体积与容积的含义,发展空间观念,教学目标设置合理。在教学过程中,教师通过设计实验使学生了解到物体占据一定空间以及容器能容纳一定体积的物体,培养学生的科学探索和实证精神。

在课堂教学开始时,教师通过《乌鸦喝水》的故事以及生活中常见的物体空间大小的比较导入新课内容,较好地引起学生的学习兴趣,营造了良好的学习氛围。通过引导学生进行操作实验,经过分析,了解体积和容积的含义。通过巩固练习和橡皮泥活动加深学生对体积和容积两个概念的理解。整个教学过程中,学生都能保持较浓厚的学习兴趣,学生参与实验更有利于他们理解和记忆概念。

(点评人：北京师范大学教育学部　鲁利娟)

以快乐为主线，重视学生自主学习
——"小数点位置移动引起小数大小变化的规律"教案及评析

顾家豪[1]

教学背景

教学课时：1课时

教学准备：

1. 学生：上网搜索有关小数的数学知识。
2. 教师：制作多媒体课件；准备游戏用的数字卡纸。

教学目标

1. 理解并掌握小数点位置移动引起小数大小变化的规律，能应用规律熟练地进行小数问题的计算，能利用互联网学到更多的数学知识。
2. 在探究过程中渗透事物是联系变化的辩证唯物主义思想。
3. 通过合作探究的学习过程，培养观察、分析、推理、归纳和判断的能力。

教材分析

本课是在学生充分认识了小数和会比较小数的大小的基础上，进一步探究小数点的位置移动引起小数大小变化的规律的教学，是为以后学习小数加法和减法打下坚实基础的教学内容。本课属于概念教学，较为抽象。

教学重难点

探索并归纳小数点位置移动引起小数大小变化的规律，正确应用规律。

---

[1] 顾家豪，广西壮族自治区北流市六靖镇中心小学。

教学方法

本课采用演示法、情境法、小组合作法。

教学过程

一、创设情境，激趣揭题

师：同学们，我们已经学习了许多有关小数的知识，你们知道小数中最重要的符号是什么吗？

生：小数点。

师：老师今天就以"小数点"为主角来跟大家一起学习，看看它为何如此重要。先请同学们认真观察下面的题目。

[出示：四年级（3）班3位同学的身高分别为宋培锦13.4米，李洪锋1.41米，陈金成0.14米。]

师：请你们看看这些数据有不正确的地方吗？

生：宋培锦的身高比房子还高，不可能吧！

生：陈金成只有0.14米，（用手比）也不对。

师：两个数据错在哪里？应该怎样改正？

生：小数点写错了位置，13.4米应该是1.34米，0.14米应该是1.4米。

师：可见小数点的位置会直接影响小数的大小，那么小数点的移动会引起小数大小的怎样变化呢？这里面有何规律？今天我们就一起来探讨这个问题。（板书课题：小数点位置移动引起小数大小变化的规律）

【设计意图】这一环节的设计是从学生熟悉的人中找题材，激发学生的学习兴趣，引起他们强烈的求知欲望，为新知识的学习做好铺垫。

二、结合主题，探究新知

1. 探究规律

（出示孙悟空打妖怪的图片。）

以快乐为主线，重视学生自主学习
——"小数点位置移动引起小数大小变化的规律"教案及评析

师：话说孙悟空师徒四人来到一座山头，孙悟空前去探路。不想，遇到一个妖怪。妖怪喝道："猴头儿，交出唐僧！"悟空叫道："休想，看我金箍棒！"说着从耳朵里掏出一根 0.009 米长的金箍棒。妖怪看了哈哈大笑，说："小样，用 0.009 米长的金箍棒就想打我？"只听孙悟空连声说："变！变！变！"结果妖怪被 9 米长的金箍棒砸死了。

师：请同学们认真观察图片内容，从中能发现什么数学问题？

生：金箍棒越变越长，由 0.009 米变到了 9 米。

师：变了几次才变到 9 米的？我们能不能把它的长度改成以毫米为单位的数？

（学生回答，教师板书：0.009 米＝9 毫米，0.09 米＝90 毫米，0.9 米＝900 毫米，9 米＝9000 毫米。）

师：请同学们观察上面 4 个等式，小组内讨论一下，小数点位置的移动使小数的大小发生了什么变化？变化规律是什么？

（学生讨论交流，初步形成小组意见。教师巡视，参与学生讨论。）

师：从 0.009 到 0.09，小数点向哪儿移动了几位？千分之九米变成了多少米？也就是由 9 毫米变成了多少毫米？小数是怎样变化的？

（全班交流，教师相机点拨。）

师：用同样的方法将 0.9，9 与 0.009 进行比较，探究变化规律。

（学生回答。）

师：用同样的方法找出小数点向左移动引起小数缩小的变化规律。

（学生回答。）

2. 共同优化，形成结论

师：谁能用自己的话说说小数点的位置移动会引起小数怎样的变化？

139

（学生回答，互相补充，形成结论。）

（课件出示规律，请学生把规律填完整。）

小数点向右移动一位，小数就扩大到原数的10倍，向右移动两位，小数就扩大到原数的 __100__ 倍，向右移动三位，小数就扩大到原数的 __1000__ 倍；小数点向左移动一位，小数就缩小到原数的 $\frac{1}{10}$，向左移动两位，小数就缩小到原数的 $\frac{1}{100}$，向左移动三位，小数就缩小到原数的 $\frac{1}{1000}$。

【设计意图】这一环节主要是以孙悟空打妖怪的故事为题材，吸引学生的兴趣，通过小组合作、师生互动交流探究的方式进行教学，给学生自主探究的空间，培养学生善于发现规律并总结规律的能力。

三、开阔视野，继续求知

师：同学们，知识是无限的，而老师的水平有限，为了能让你们学习到更多的知识，下面就带大家一起走进网络世界，听听"网络老师"给我们带来的关于小数点移动的知识的辅导。

（播放视频《小数点位置移动引起小数大小变化的规律》。）

师：从视频中你们学到了什么？

（学生回答。）

四、应用规律，体验成果

1. 互动游戏

师：同学们，我们找出了小数点位置移动引起小数大小变化的规律，下面我们就用刚学到的规律来做个游戏。

（出示游戏规则：6张分别写有0，1，4，5，6和"·"的卡纸，请6位同学上来各人拿一张卡纸，分别代表0，1，4，5，6和"·"，先按610.54的原数顺序站好，然后"·"出来，按要求插进去。）

师：小数点跑到1和0的中间，请下面的同学说说它向哪个方向移动了？新组成的数的大小起了什么变化？

生：向左移动了一位，缩小到原数的十分之一。

师：小数点跑到5和4的中间，请下面的同学说说它向哪个方向移动了？新组成的数的大小起了什么变化？

生：向右移动了一位，扩大到原数的10倍。

师：小数点跑到6和1的中间，请下面的同学说说它向哪个方向移动了？新组成的数的大小起了什么变化？

以快乐为主线，重视学生自主学习
——"小数点位置移动引起小数大小变化的规律"教案及评析

生：向左移动了两位，缩小到原数的百分之一。

2. 应用规律，快速抢答

师：应用刚学到的规律，快速抢答下面几道题。

（课件出示：2.85×10＝_____，0.518×1000＝_____，3.9×10＝_____，35.65÷10＝_____，14.5÷100＝_____。）

（学生抢答。）

【设计意图】这一环节以互动游戏及抢答的形式进行，在提高课堂气氛的同时，更能让学生体验学习的乐趣，加深对本课学习内容的掌握程度。

五、课堂总结，升华提高

师：小数点的学习对我们至关重要，有一首歌为我们总结了它的基本知识，同学们想听吗？

（播放音乐《小数歌》。）

师：这节课你学到了哪些知识？

（学生总结。）

师：你从网络视频教学中掌握了什么？

（指名说。）

师：看一下我们今天的课外作业。小数点的作用在生活中不可小视，有一个因一位小数点计算错误而导致飞船在穿过大气层时无法打开降落伞，最终机毁人亡的故事，请同学们课后在互联网上找找，看看这个故事都讲了什么，下节课带来和大家一起分享。

▎**教学反思**▎

这节数学课，课堂上学生的学习积极性很高，在教学时我做到了以下几点。

1. 重视学生的自主学习

强调学生是学习的主体，让学生通过创造性的学习活动，实现自主性发展。

2. 以快乐为主线

本节课始终以快乐为主线，通过故事、游戏、视频等学生感兴趣的方式展开教学，极大地提高了学生的学习兴趣。俗话说，兴趣是最好的老师，兴趣是学习的原动力。在学习情境的引导下，学生在课堂上表现出了极大的学习兴趣，在参与互动游戏中充分体会到了学习数学的乐趣，在课后反馈中，我发现学生对本课教学内容掌握得很好。

3. 充分利用网络资源

课堂中，我充分利用网络资源，给了学生一种新的体验，也给他们指明了一条求知之路，使他们今后不会为"难题"所难，知道互联网的无所不知。

这节课上我觉得不足的地方就是课堂练习的内容过少，难以充分考查出学生对所学内容的应用水平。另外，对每个教学环节的时间我也拿捏得不够恰当，以至出现超时教学。针对这些不足，我在今后的教学中一定会加倍努力改进。

（所获奖项：二等奖）

专家点评

该教案的教学目标明确，教学活动丰富，教学思路清晰，符合新课标的要求，能够满足学生对该知识点的学习需求。本课内容比较抽象，教师创设了贴近学生实际生活的情境，将抽象的概念具象化，降低了学生理解相关概念的难度，激发了学生的学习兴趣。

在教学过程中，教师通过故事、游戏、视频等学生感兴趣的方式展开教学，引导学生参与课堂上的探究活动，注重师生互动，充分调动了学生参与教学活动的积极性。学生在轻松、愉快的课堂氛围中掌握新知识，并提高了观察、分析和推理的能力。教师设计了课堂小游戏，引导学生学以致用，既让学生巩固了新知识，又能了解学生对新知识的掌握情况，帮助学生及时查漏补缺。

（点评人：北京师范大学教育学部　鲁利娟）

互联网条件下的数学综合实践
——"1亿有多大?"教案及评析

王晓欢[①]

▍教学背景

教学课时:1课时

教学准备:

1. 学生:准备计算器,新版1角硬币若干。

2. 教师:制作多媒体课件;利用互联网搜索与本课教学内容有关的素材;准备作业本、秒表、活动统计表、香飘飘奶茶空纸杯。

▍教学目标

1. 在探索中学习猜想、实验、推理和对照的方法,初步渗透选用小基数类推解决问题的数学思想;借助推算和计算器,从不同角度具体感受1亿的大小,进一步发展数感。

2. 通过小组合作,提升解决实际问题的能力,增强主动参与、乐于合作的意识。

3. 通过具体情境,树立环保理念,养成节约能源、爱护环境的优良品质,进一步感受该知识的生活价值。

▍教材分析

"1亿有多大?"属于小学数学第二学段"数与代数"的知识领域,教材在数概念的教学中,十分重视数感的培养。因此在"大数的认识"这一单元后安排了这个综合应用内容,旨在使学生通过探究活动,经历猜想、实验、推理和对照的过程,利用互联网搜索等可想象的素材充分体验、感受1亿这

[①] 王晓欢,河南省郑州市中原区伏牛路小学。

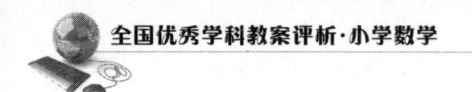

个数有多大。

教学重难点

感知1亿的大小，建立学生的数感。

教学方法

本课采用情境教学法、问题驱动教学法。

教学过程

一、广告引入，揭示课题

师：让我们先来看一段广告。

（播放广告视频，广告词："香飘飘奶茶一年卖出3亿多杯，杯子连起来可绕地球一圈。"）

师：从这段广告中你都得到了哪些数学信息？

（学生回答。）

师：3亿是多少个1亿？那1亿有多大呢？

（学生思考、回答，教师引导。）

师：1亿是10个一千万，100个一百万，1000个十万，10000个一万。但是仅仅知道这些是不够的。1亿究竟有多大呢？我们可以借助我们身边熟悉的事物来研究、感受它。今天这节课，我们就来共同学习"1亿有多大？"。（板书课题）

【设计意图】这样的设计联系生活实际，从身边熟悉的事物出发，力图带领学生不断向更深一层探索。

二、数一数，从时间中感受1亿的大小

师：同学们，你们数过数吗？数1亿个作业本估计要用多长时间？

（学生大胆估计，教师记录。）

师：有什么好的方法来验证一下吗？

（小组讨论。）

生：可以先计算出数一部分本子的时间，再由部分推算出数1亿个本子的时间。

【设计意图】初步渗透推算的思想。

师：那"一部分"应该取多少呢？

（小组讨论。）

生：可以先计算出数 50 个本子或 100 个本子的时间。

师：为什么不选 17 本、23 本来数呢？

生：为了方便计算，应该取整。

【设计意图】让学生明确选择小数量是有学问的。

师：在课堂上选择多少个本子来数比较合适？

（学生回答。教师数，学生计时。）

师：请你由数 20 个本子的时间推算出数 1 亿个本子的时间。

（学生借助计算器推算。）

生：1 亿个本子需要不吃、不喝、不睡、不停地数将近 3 年的时间。

【设计意图】通过猜想、实验、推理、对照，使学生充分从时间上感受 1 亿的大小，从而促进知识与技能目标的达成。

师：伏牛路小学大约有 2500 名学生，如果 1 名小学生每年使用 10 个作业本，那么 1 亿个作业本够伏牛路小学全体学生用多少年？

（学生计算。）

生：4000 年。

【设计意图】针对这 1 亿个作业本的作用进行延伸，通过解决问题使学生的感知加深，进一步感受该知识的生活价值。

三、摆一摆，从高度中感受 1 亿的大小

师：郑州裕达国贸的高度约为 202.1 米，1 亿枚面值 1 角的硬币摆在一起的高度会有它高吗？大约相当于几个郑州裕达国贸的高度呢？

（学生大胆猜测，小组活动，填写活动表格，反馈推算结果：约 800 多个。）

师：为什么小组推算的结果不尽相同？

生：有误差。

【设计意图】初步渗透小基数的选取和误差之间的关系。

（对比之前的猜想，学生谈感受。）

师：全国大约有 1 亿名在校小学生，如果每个小学生每天节约 1 枚一角硬币的话，那么每天就能节约多少角？相当于多少元？如果 500 元可以帮助一名贫困儿童完成一年的学业，那么全国小学生每天节约下来的钱可以帮助多少名贫困儿童完成一年的学业？

（学生计算，谈感受。）

【设计意图】针对这1亿枚硬币的意义进行延伸，通过解决问题使学生的感知加深，养成勤俭节约的好习惯。

四、看一看，从视觉中感受1亿的大小

师：我们都没有想到1亿枚硬币摆在一起竟然如此之高，如果1亿个点摆在一起会是什么样子呢？

（课件逐渐演示1个绿点到100万个绿点的变换过程。）

师：1亿个点会是什么样子呢？

（学生大胆猜测。）

（课件突然定格在绿色全屏。）

师：其实这仅仅是几百万个点而已，1亿个点摆在一起的感觉，你可以自己想象一下。

【设计意图】从视觉上给学生以冲击，让学生发挥想象力，自己品味1亿的大小。此处不设计具体的交流环节，仅仅是点到为止，对1亿的感受尽在不言中。

五、读一读，从生活中感受1亿的大小

师：在我们身边也有很多和1亿相关的例子。

（1）一本《新华字典》约有66万个字，152本字典所包含的总字数才够1亿个字。

（2）1亿粒大米约重250万克，如果每人每天吃大米400克，1亿粒大米可供一个人吃17年。

（3）亚洲严重缺水，有8亿人的饮用水达不到卫生标准。20年后，全世界缺水人口可能达到30亿。

（学生谈感受。）

【设计意图】培养学生节约能源、爱护环境的优良品质。

六、信息回归，提升认识，升华情感

（重新回顾广告词："香飘飘奶茶一年卖出3亿多杯，杯子连起来可绕地球一圈。"）

师：再看到这条信息时，你有什么新的感受？

（学生回答。）

（教师现场拿出一个香飘飘奶茶的杯子。）

师：一个杯子看起来很短，但是3亿多个连起来就不容小觑了，竟然可绕地球一圈。"亿"这个单位真的很大。

【设计意图】首尾呼应，通过让学生对比课前和课后对同一条信息不同的感受，检测教学目标是否达成。

师：请一位同学来摸一摸奶茶杯子的材质。

（学生摸杯子。）

师：这个杯子是用什么做的呢？你还在哪儿见过类似这样的纸质容器？

生：一次性水杯，桶装方便面，一次性饭碗，麦当劳、肯德基饮料杯……

师：那你知道这些纸质容器都是用什么做的吗？

生：树木。

师：想知道纸杯对树木的危害吗？

（出示有关纸杯对树木的危害的资料。）

师：我们再看一篇学生日记。

（出示学生日记。）

我还从书上看到，一次性纸杯有两大危害：第一，纸杯虽说是纸质的，但装上水后为什么不渗漏？原来纸杯里有一层塑料薄膜，它是用聚乙烯做的，就像超薄塑料袋一样，埋在地下一百年都不会降解，会污染环境。第二，有关数据显示，我国每年消耗一次性筷子450亿双，耗费木材166万立方米，需要砍伐大约2500万棵大树，而一次性纸杯，已经成为我国当前继一次性筷子之后使用量最大的一次性木材消费品。我想，我们不懂得保护森林，随便砍伐树木，总有一天，大树会被我们砍光的。想到这儿，我仿佛听见大树在哭泣。

（学生思考，谈感受。）

【设计意图】本环节将互联网资源和交流性评价相结合，进一步促进情感态度与价值观目标的达成。

七、梳理反思，全课总结

师：通过这节课的学习，你有哪些收获呢？

（学生总结。）

【设计意图】通过师生交流，进一步检测学生本节课学习目标的达成情况，从而更好地反思教学。

教学反思

本课是一节数学实践活动课。从万以内数的认识到亿以内数、亿以上数的认识，是学生数概念的又一次扩充。但由于1亿这个数太大，学生很难结合具体的量获得直观的感受。因此，在"大数的认识"这一单元后安排了这一综合应用内容。另外，小学生的思维正处于从具体形象思维向抽象逻辑思维过渡的时期，根据这个特点，我联系小学生生活中的事物，引导学生在生活实例中利用可想象的素材把握数的相对大小关系，充分感受1亿这个数有多大。

我根据学生爱猜的心理，让学生猜想数1亿个本子的时间有多长、1亿枚1角硬币摞在一起有多高。由于学生的生活经验和知识基础不同，猜想也是各种各样的，这些猜想大都是凭感觉的，虽然有些想法不切实际，但我并未扼制学生的想象，而是给学生一个宽松的空间，让他们的好奇心得到充分的满足，增强了他们探索的兴趣与欲望。

在教学中，我不仅注意引导学生运用所学知识解决问题，还注重让学生领悟数学思想方法。例如，数1亿个本子的时间，学生想到可先测量数20个本子的时间，再推算数1亿个本子的时间；计算1亿枚硬币摞在一起的高度，可以先测量出10枚或20枚硬币摞在一起的高度，再推算出1亿枚硬币摞在一起的高度……这样就把复杂的问题转化成简单的问题，一步一步进行解决，让学生在活动中亲身体验、领悟了由局部推算整体的研究方法。

事实说明，学生的内在潜力是很大的，他们通过自主探索活动，体会到数学思想方法的奇妙与作用，积累了许多数学活动的经验，增加了学习成功的经历，增强了学好数学的信心。

（所获奖项：二等奖）

专家点评

该教案从学生的生活实际出发，根据儿童的心理特点，选取学生熟悉的事物创设情境，通过层层设问驱动学生学习。教师在准确分析教材的基础上，合理设置三维教学目标，明确教学重难点，恰当设计教学活动，帮助学生感知1亿的大小。

教学伊始，教师利用一段学生熟知的广告导入新课内容，引发学生思考1亿有多大，吸引了学生的学习兴趣，营造了良好的课堂教学氛围。接着，教师引导学生从时间、高度、面积、生活等多个角度感知1亿的大小，将"1亿"这个抽象的数字概念形象化，便于学生理解。教师注重让学生在探究活动中领悟数学思想，探索数学研究方法，树立学生学好数学的信心。最后，教师再次利用广告创设情境，帮助学生巩固所学知识，并引导学生思考环保问题，增强学生的环保意识。

（点评人：北京师范大学教育学部　鲁利娟）

创设主题情境，探索图形规律
——"找规律"教案及评析

刘雅梅[1]

教学背景

教学课时：1课时

教学准备：

1. 学生：准备红、白、黑、黄四种颜色的卡片。

2. 教师：制作多媒体课件；利用互联网收集与本课教学内容相关的素材；准备带有"□""○"两种图案的卡片若干。

教学目标

1. 通过物品的有序排列，知道并且能找到图形的排列规律，知道生活中处处有数学，学会用数学。

2. 通过观察、猜测、实验、推理等活动，发现图形的排列规律。

3. 能够发现、欣赏数学美，培养运用数学创造美的意识。

教材分析

学生已经学习了一些简单的图形和数字排列规律。本节课在学生已有知识和经验的基础上，继续让学生通过操作、观察、实验、猜测等活动探索图形的排列规律，为进一步培养学生的观察、概括和推理的能力奠定基础。

教学重难点

通过观察、猜测、实验、推理等活动发现图形的排列规律。

---

[1] 刘雅梅，吉林省白城市通榆县瞻榆镇第二小学。

教学方法

本课主要采用动手操作、小组合作、独立观察和猜测等方法。

教学过程

一、情境引入

师：老师家准备装修，想利用这两种瓷砖设计出既漂亮又有规律的墙面，你能帮老师设计一下吗？

（出示"□""○"两种图案的卡片若干。）

师：请几位同学上台摆一摆。

（学生摆：○□○○□□□○……）

师：要有规律地排列。

（学生摆：○□○□○□……）

（学生摆：□○□○□○……）

师：能说说你是按照什么规律摆的吗？

（学生回答。）

二、教学新课

1. 发现规律

师：小东家的厨房装修得可漂亮了，我们一起来看看。

（出示图片。）

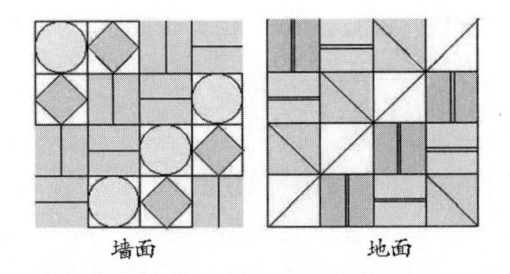

师：小东家的墙面和地面在设计上隐藏着规律，比一比，看谁能用最快的速度找出来。

（学生观察、思考、汇报。）

师：第一行和第二行有什么关系？第二行与第三行有什么关系？每相邻两行有什么关系？大家想想，然后在小组里交流一下。

（小组合作交流。）

2. 按规律，画一画

（出示图片。）

◇◆□■　◆□■◇　□■◇◆

师：它们之间有什么规律？先仔细观察，再讨论。

（学生观察、讨论。）

师：按这样的规律排下去，下一组是什么图形呢？

（学生回答。）

3. 动手操作，创造"规律"

师：老师也想像小东家那样，用四种瓷砖（红、白、黑、黄）设计出既美观又有规律的墙面，你能开动脑筋，帮我设计吗？

（学生动手操作，小组展示、汇报。）

三、练习反馈

师：完成下题，说一说它们之间有什么规律。

（出示课件。）

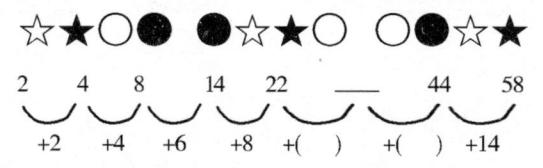

☆★○● ●☆★○ ○●☆★

2　4　8　14　22　___　44　58
　+2　+4　+6　+8　+( )　+( )　+14

（学生独立操作，教师巡视。）

四、巩固练习

1. 出示课件练习题

□■　△□　▲△　　　□■
△▲　▲□　■□　___　△▲

师：寒假里，小明设计了一组有趣的图案，你们瞧——

（出示图片。）

师：同桌互相说说它们是按什么规律来设计的。

（同桌互说。）

2. 补充练习（机动）

师：请你为你的房间设计一组有规律的图案，让你的同桌找出规律，并继续画出下一组图案。

（学生设计，同桌互画。）

五、欣赏生活中按规律排列的图片

（出示图片。）

地毯图案 　　　　　　　　　　沙发布料图案

教学反思

1. 优点

（1）小组内交流规律，交流过程中思维快的学生初步总结、表达规律，思维慢的学生受到启发、体会规律，使不同层次的学生都获得发展。

（2）整节课以主题情境活动为主线，以合作探究活动为主导，以培养能力为目标，让学生在轻松自如的学习氛围中学习数学，感受数学的美。

2. 不足

语言不够简练，过渡性语言不准确，缺乏激情。

（所获奖项：二等奖）

专家点评

本节课主要是让学生在观察、分析和推理的过程中发现图形排列的规律。

创设主题情境，探索图形规律
——"找规律"教案及评析

本课教学中，教师通过让学生观察、分析、实验和推理发现图形的排列规律，体会数学在实际生活中的重要应用；通过让学生观察图片，发现图形排列规律，然后自己动手创造排列有规律的图形，培养学生观察、分析和逻辑推理的能力以及创造力，加深学生对图形排列规律的认识，并最终完成了教学目标。

在教学开始时，教师通过创设问题情境导入课程内容，引起学生的学习兴趣，引发学生的思考，为学生营造了良好的学习氛围。学生在教师的问题引导下经过观察、思考和小组讨论，发现了图片中图形的排列规律，通过动手操作，创造排列有规律的图形，加深了对图形排列规律的认识，既保持了学习的热情，也培养了学生的创造性思维。教学结束时，教师让学生欣赏生活中排列有规律的图片，使学生感受到图形排列的规律之美，体会到生活中处处有数学。

本节课中，教师在活动中给予学生较多的机会自主思考、探索，并让学生积极发表自己的看法，这样的设计非常好。但如果教师能够给学生提供更多的、多种多样的、排列有规律的图形样式，让学生去观察、分析并发现规律，将更有助于培养学生的创造性思维。

（点评人：北京师范大学教育学部　鲁利娟）

激活学生思维，促进学习资源生成
——"比的意义"教案及评析

张 东[①]

教学背景

教学课时：1 课时

教学准备：

1. 学生：提前预习，了解本节课所要讲的内容，找出重难点，并将所遇到的问题带入课堂。

2. 教师：制作多媒体课件；利用互联网搜索与本课教学内容相关的素材。

教学目标

1. 理解比的意义，学会比的读法、写法，掌握比的各部分名称和求比值的方法，明确比与除法、分数之间的关系。

2. 在学习的过程中，通过观察、比较、分析、概括及归纳等方法，发现问题、解决问题，发展合情推理能力和逻辑推理能力。

3. 渗透知识源于实践，事物是相互联系、发展变化的等辩证唯物主义的基本观点，沟通数学与生活的联系，培养应用意识。

教材分析

"比的意义"这一内容是在学生已经理解了除法、分数的意义与基本性质，掌握了分数乘法、除法的计算方法及会解答有关乘法的实际问题的基础上进行教学的。由于比与分数联系密切，把比的最基础知识提前安排在分数除法这一单元中教学，既能加强知识间的内在联系，又可以为以后学习相关知识打下基础。

[①] 张东，河南省郑州市管城回族区十八里河镇八郎寨小学。

激活学生思维，促进学习资源生成
——"比的意义"教案及评析

认识比时，教材主要利用学生对两个数量之间的关系的已有知识，先引导学生认识同类量的比和不同类量的比，引发学生的讨论和思考，再逐步抽象出比的概念，进而引导学生根据比的意义及分数与除法的关系，主动探索比与分数、比与除法的关系，自我完善认知结构。这样处理更能让学生体验到比的意义与价值，为今后学习比的应用及比例等知识奠定基础。

教学重难点

1. 理解并建立比的概念。
2. 明确比同除法、分数的关系。

教学方法

本课采用情境法、谈话法、小组合作法。

教学过程

一、创设情境，提出问题

师：同学们，我们讲新课前，先一起来看一个视频。

（播放视频《"天宫一号"发射升空》。）

师：北京时间 2011 年 9 月 29 日 21 时 16 分，"天宫一号"目标飞行器由"长征二号 FT1"火箭在酒泉卫星发射中心成功发射，并按预定计划，顺利进入近地点 200 公里、远地点 346.9 公里的初始椭圆轨道。"天宫一号"的成功发射，不仅预示着我们在空间站建设方面取得了实质性的突破和发展，也表示我们朝着下一步的太空探索目标又迈出了坚实有力的一步。

（出示图片。）

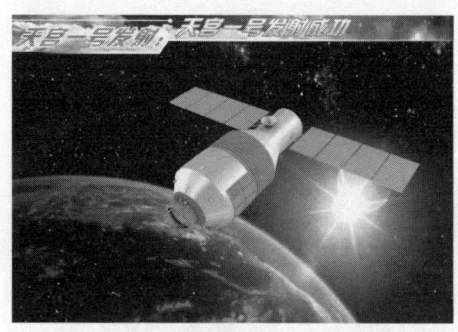

天宫一号

师："天宫一号"初始椭圆轨道是怎样的？它们之间的关系是什么？

（学生讨论。）

生："天宫一号"的近地点是 200 公里，远地点是 346.9 公里。近地点是远地点的几分之几，即 $200 \div 346.9 = \frac{2000}{3469}$。远地点是近地点的几倍，即 $364.9 \div 200 = 1.8245$。

师："天宫一号"的长和直径分别是多少？它们之间有什么关系呢？

（学生讨论。）

生："天宫一号"的长是 10.4 米，直径是 3.35 米。直径是长的几分之几，即 $3.35 \div 10.4 = \frac{67}{208}$。长是直径的几倍，即 $10.4 \div 3.35 = 3.1045$。

师：求一个数是另一个数的几倍或几分之几，我们还有一种表示方法，那就是我们今天要学习的内容。（板书：比的意义）

【设计意图】问题情境的创设立足于学生的现实生活，贴近学生的认识背景，设计蕴含数学问题的情境，能激发学生参与的兴趣，使他们积极主动地从多角度去思考问题。

二、师生互动，共同探究

1. 初步认识"比"

师：在前面求"天宫一号"的近地点与远地点的关系、直径与长的关系时，我们还可以说成近地点与远地点的比是 2000 比 3469，直径与长的比是 67 比 208，那么远地点与近地点的比是不是也是 2000 比 3469 呢？长与直径的比是不是也是 67 比 208 呢？

（学生分析。）

师：颠倒位置后它们的意义就会发生变化，因此，在表示两个数量之间的比的时候，不能随意颠倒位置。

师：我们再来看一张图片。

（出示图片。）

师：这是一面我国的国旗，同学们想一下，长和宽的比是多少呢？

生：长和宽的比是96比64，宽和长的比是64比96。

师：通过上面的两个例子，你觉得什么是比呢？

（学生回答。）

2. 揭示概念

师：以上例子都是通过两个数相除来表示两个数量间的关系，它们都可以用比表示，所以，两个数相除又叫作两个数的比。（板书：两个数相除又叫作两个数的比）

3. 阅读自学

师：通过刚才的学习，我们知道了比的意义，接下来，我们要进一步认识比。在下面的学习中请你通过自学弄清以下问题：几比几怎样写？怎样读？比的各部分名称是什么？怎样求比值？比值可以怎样表示？比和比值有什么联系和区别？

4. 自学汇报

（学生自学，小组交流。）

生：比的一般形式，如3比5，记作3∶5。比的分数形式，如15∶10，也可以写成$\frac{15}{10}$，仍读作"15比10"。

生：在两个数的比中，比号前面的数叫作比的前项，比号后面的数叫作比的后项，比的前项除以后项所得的商叫作比值。

生：比的前项除以后项所得的商就是比值。

生：比值通常用分数表示，也可以用整数或小数表示。

生：两者的联系在于，比值是比的前项除以后项的商，它通常用分数表示，而比也可以用分数表示。两者的区别在于，比值是一个数，有时可以用小数或整数表示，而比表示两个数之间的关系，不能用整数或小数表示。

（出示《比、除法、分数之间的联系和区别》表格。）

名称	联系				区别
比	前项	∶（比号）	后项	比值	一种关系
除法	被除数	÷（除号）	除数	商	一种运算
分数	分子	—（分数线）	分母	分数值	一种数

师：请你根据比与除法的关系，想一想比的后项可以为任何数吗？

生：比的后项相当于除数，除数不能为0，因此，比的后项也不能为0。

师：我们可以用字母表示，$a:b=a\div b=\dfrac{a}{b}$（$b\neq 0$）。

【设计意图】数学新课标要求：新形势下的教学，应该注重学生的自学能力，以学生为主体，教师为主导。小学高年级的学生具有一定的阅读、理解和自学的能力，所以可以组织学生进行研究、探索、讨论、总结，培养学生的合作意识和自主学习能力。

三、启发诱导，实际应用

师：大家做一做以下练习题。

（1）学校操场上的国旗，长 2.4m，宽 1.6m，长与宽的比是多少？

（2）教室里的国旗，长 66cm，宽 44cm，长与宽的比是多少？

（学生独立计算。）

师：国旗有大小之分，但有一样是不变的，大家知道吗？

生：长和宽的比值都是 1.5。

四、反馈矫正，注重参与

师：大家喜欢看足球比赛吗？我这里有一份比赛报道说中国队客场 4∶0 大胜新加坡队。我们刚才讲了，比的后项不能为 0，为什么在这里可以呢？

（学生思考、回答。）

师：各类比赛中的比和我们这节课学习的比不同，虽然它的读法、写法都跟这节课学习的比相同，但是它只是一种记分的形式，是比较大小的，是相差关系，不是相除关系。

【设计意图】一个好的问题能够吸引学生的注意力，并使他们想方设法去寻求答案。在积极寻求答案的过程中，学生就会产生一些新的问题。通过这一环节，巩固学习的重点，使学生弄清所学的比跟生活中的比的区别，加深学生的印象。

五、课堂总结

师：这节课我们学习了什么新知识？有什么收获？还有什么不懂的地方吗？

（学生总结、提问，教师释疑。）

六、布置作业

师：以下是我们今天的作业。（教师分必做题和选做题给学生布置作业）

【设计意图】根据学生的个别差异，有针对性地布置作业，使不同层次的学生都能有所提高。

激活学生思维，促进学习资源生成
——"比的意义"教案及评析

教学反思

在数学教学中，培养学生的创新意识、创造能力需要学生有一定的基础。首先，学生要具备与所学新知识有关的知识基础；其次，学生要有将原有知识与新知识进行沟通、联系的思想基础。我本以为学生可能将原有知识都遗忘了，但回顾整节课，发现我当初的担心是多余的。

课堂只有开放，才能激活学生的思维，才能促使学习资源的生成，才有学生创造的欲望与创造成果的展示。但是，这在无形中对教师的课堂教学水平提出了更高的要求。教师必须抓住学生转瞬即逝的创造点，合理重组学习资源，教学才会更精彩，课堂才会更富有活力。

在对学生学习情况进行检验的环节中，从学生的反馈效果看，前几道题的练习不仅使学生进一步理解了比的意义，而且训练了他们的思维，学生的说、做都相当精彩。由于时间原因，后面几道题没有做完，使问题处理显得不够完整。

数学教学本质上是一种文化，数学新课标在前言中明确提出，数学的内容、思想、方法和语言是现代文明的重要组成部分。如何在课堂实施过程中践行并彰显数学的文化本性，让文化成为数学课堂的一种自然本色，是值得我们思考的问题。

（所获奖项：三等奖）

专家点评

从整个教案来看，该教案的教学内容比较全面，教学流程衔接比较合理，注重了知识之间的联系，教师在学生原有知识的基础上引入本课教学内容，反映出教师已经很好地掌握了教学心理学，并能熟练运用到实际教学中。教学过程中，教师举出生活中各种具体情境，对教学内容加以应用，加强了学科知识和生活的联系。

在教学开始时，教师通过"天宫一号"的发射视频导入课程内容，活跃了课堂气氛，调动了学生的积极性。之后，教师通过图片展示国旗，给学生提供对比的直观认识，进而从这些实例中归纳、抽象出数学中比的概念；通过自学、交流总结出有关比的知识，培养了学生解决问题的能力和对信息进行处理加工的能力。最后，教师通过设计习题、情境提问，帮助学生巩固所学知识；通过布置富有针对性的作业，使不同层次的学生都有所提高。

教学重难点

认识对称轴，会画对称轴。

教学方法

本课采用交流法、观察法、小组合作法、启发式教学法等。

教学过程

一、创设情境，激趣导入

师：同学们，春天来了，大家喜欢春游吗？

生：喜欢。

师：那么，今天老师就带领大家游览一下北京的颐和园。在观看的同时，大家一定要留意一下颐和园的建筑有什么样的特点。

（播放视频《初春的颐和园采风》。）

师：看了视频中的建筑，你发现了什么？我们以小组为单位进行讨论，看看哪一个小组观察得仔细，总结得准确。给大家1分钟的时间。

（小组讨论，教师巡视，对个别小组进行指导。）

师：时间到，请同学们来汇报一下。

生：这些建筑很漂亮！

生：这些建筑都是用石头建的。

生：这些建筑都很美。

生：这些建筑左右都一样。

师：同学们观察得都很仔细，尤其是第四位同学。接下来，老师再给同学们播放一些图片，大家看一看它们有什么特点。

（出示图片。）

师：看了这些图片，你有没有新的发现？

生：这些图片的左右两边都一样。

师：对，同学们观察得非常仔细，这些图片的左右两边都是一样的。那么大家想一想，怎样确定它们左右两边完全一样呢？

生：仔细观察。

师：对，是应该仔细观察。除了观察，还有没有更好的办法？

生：把它对折起来。

师：非常好，把图片对折，看一看对折后两边能不能完全重合，就可以了。像这样，将图形对折后两边能够完全重合的现象叫对称，这样的图形就是对称图形。今天我们就来学习——对称。（板书：对称）

二、合作探究，新知教学

师：请大家仔细观察大屏幕上这些美丽的图形，它们有什么共同特点？把你的发现与小组内的其他同学交流一下。

（学生观察，小组交流、汇报。）

生：这些图形的左右两边是一样的。

生：如果把这些图形沿着中线对折，两边会重合。

生：如果从这些图形的中间画一条直直的线，左右两边会完全重合。

师：同学们观察、总结得都非常好。刚才同学们说把这些图形沿着中线对折，左右两边能够完全重合，那么谁能给这条线起一个名字？

生：中线。

生：中心线。

生：对折线。

师：同学们的概括能力真强。老师把大家的建议总结一下，用一个最确切的名称——对称轴，好不好？

生：好。（教师板书：对称轴）

师：像这样两边一样的图形，就叫作轴对称图形。（板书：轴对称图形）你能找出你手中的图形有哪些是轴对称图形吗？有几条对称轴？给大家3分钟的时间，开始。

（学生动手操作、汇报，教师汇总。）

师：轴对称图形有长方形、正方形、圆形，它们的对称轴分别为2条、4条、无数条。同学们找得非常好，要记住，一般的平行四边形不是轴对称图形。

三、**联系生活，找对称图形**

师：现实生活中有好多对称图形，你知道哪些？

生：我们铺地面用的地砖。

生：学过的长方形、正方形、等腰梯形。

生：蜻蜓、蝴蝶。

生：我们学过的字"田""晶"。

师：生活中有好多对称现象。我们的建筑家就是利用了对称现象，才把我们的家园建设得这么美丽多彩。那么,你能不能利用你手中的剪刀来剪一个轴对称图形呢?

四、动手实践

1. 折一折,剪一剪

师:请拿出彩纸和剪刀,自己剪一个轴对称图形。注意安全,不要剪到手指。

(学生动手操作,教师巡视。)

【设计意图】动手操作,有利于学生形象地理解轴对称图形的含义,知道怎样找对称轴。

2. 作品展示

(学生介绍自己是怎么剪的,剪的是什么图形。)

师:刚才同学们介绍了一下自己的作品。你认为怎样剪最好?怎样剪出的图形一定是轴对称图形呢?

(学生讨论,选出最佳剪法。)

3. 归纳总结剪的方法

师:先把纸对折,再剪。现在老师教大家剪一个"双喜"的图片。

(出示图片。)

(教师讲授,学生学习。)

五、课堂练习

师:请同学们做一做教材课后练习题。

(学生独立解答。)

六、感受生活中的对称

师:同学们,这节课我们就学到这里,在这节课结束之际,老师给同学们放一段视频《北京的桥》,大家一起来感受一下我们祖先的聪明才智,大家要看看在这些桥中有没有利用到对称现象。

(播放视频《北京的桥》。)

【设计意图】让学生知道很多伟大的建筑都源于生活中的启示,激励学生在生活中要多观察、勤思考、善总结,树立远大的志向。

七、全课总结

师:同学们,这节课你有哪些收获和感受呢?请你和大家谈一谈。

(学生总结、交流。)

师:希望大家在今后的学习和生活中,善于观察,多多思考,主动探索,做学习的主人。

教学反思

自主探索、合作交流是学生学习数学的重要方式。在本节课中,我充分利用小组合作、互助探究的教学方式进行教学,在活动中发挥学生的主体作用,放手让学生独立思考、自主探索,使学生在动手操作中合作交流,在交流讨论中掌握轴对称图形的特点。

本节课不仅使学生的动手操作能力得到了提升,还帮助学生建立了初步的空间观念,体会了一些数学思想。

(所获奖项:三等奖)

专家点评

在整个教学设计中,教师对教学目标、教学内容、教学过程的设置比较符合学生的身心发展和认知特点。教学过程中,教师适时发挥主导作用,同时尊重学生的主体地位,灵活运用多种教学方法,将教师传授和学生合作探究有效结合起来,取得了较好的教学效果。

教学伊始,教师通过颐和园建筑的视频导入课程内容,让学生体验生活中的对称美,既激发了学生学习的兴趣,也为学生营造了良好的学习氛围。接下来,教师通过总结一组图片的特点,让学生抽象出对称图形的特点,学会辨认对称图形,将特殊上升到一般,培养了学生的归纳推理能力以及空间想象能力;通过让学生观看视频、观察图片、动手操作,逐渐加深了学生对对称图形的认识,并将轴对称的相关知识转化为学生解决问题的能力。最后,教师通过课堂练习,使学生巩固了所学知识,较好地完成了教学目标。

教学中,教师多采用小组合作探究的形式,注重学生知识的自我建构,充分发挥了学生的主体作用。

(点评人:北京师范大学教育学部 鲁利娟)

关注情境，发挥自主探索精神
——"简易方程"教案及评析

刘振梅[①]

教学背景

教学课时：1课时

教学准备：

1. 学生：预习课本，了解本课所学内容。

2. 教师：制作多媒体课件；利用互联网搜索与本课教学内容相关的素材。

教学目标

1. 初步了解方程的意义，理解方程的概念和等式性质，感受方程思想。

2. 经历从生活情境到方程概念的建立过程，体会方程及等式性质是刻画现实世界的数学模型。

3. 培养观察、分析、分类、比较、抽象、概括、应用等能力，渗透集合、分类、建模与方程思想。

4. 通过自主探究、合作交流等数学活动，激发学习兴趣，培养团队精神。

教材分析

"简易方程"对学生来说是一节全新的概念课。简易方程是学生在学了四年的算术知识及初步接触了一点代数知识（如用字母表示数）的基础上进行学习的，同时也是学习解方程的基础，是渗透用方程表示数量关系式的一个突破口，是今后用方程解决实际问题的一块奠基石。

[①] 刘振梅，山东省青州市传泰希望小学。

教学重难点

了解方程的意义，理解方程的概念和等式性质，感受方程思想。

教学方法

本课采用分类讨论法、情境法、合作学习法。

教学过程

一、创设情境，导入新课

师：你去过游乐园吗？玩过跷跷板吗？

（出示跷跷板的图片。）

师：今天我们就来说一说跷跷板。

（播放视频《玩跷跷板》。）

师：观察跷跷板，看它有什么特点？

（学生自由回答。）

师：如果老师体重50千克，这位女同学体重30千克，我们两个玩跷跷板会有什么现象发生？

（学生回答。）

师：你能根据这一现象写一个不平衡的式子吗？

生：50＞30。

师：如果想平衡，你有什么好方法吗？

（学生自由回答。）

师：你能写一个平衡的式子吗？

生：50＝30＋20。

师：据此，科学家运用平衡的原理制出了天平。

(出示天平的图片,教师介绍天平的有关知识。)

二、合作探究

1. 观察

师:观察下面的图片,你有什么发现?

(出示天平称重的图片。)

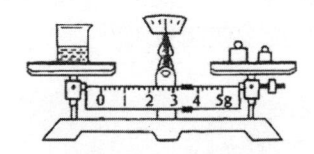

师:如果空杯重 100 克,放了 100 克的砝码,会发生什么现象?往空杯中加 x 克水,会有什么变化?接着加水,会有什么现象发生?100 克的砝码不够,那么加到 200 克呢?300 克呢?250 克呢?你能用等式或不等式表示你的发现吗?

(学生逐一回答问题。)

师:现在我们观察这些"天平"。

(课件出示。)

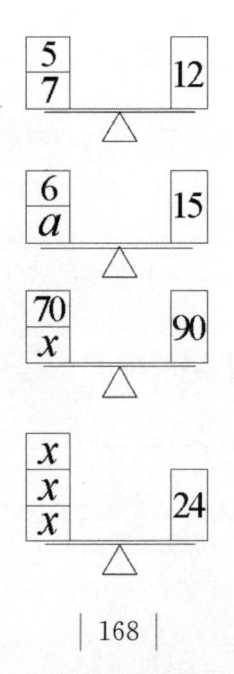

师：你能用等式或不等式表示你的发现吗？

（学生相互交流并写出式子，展示答案，教师把答案写在黑板上。）

师：同学们都很棒。那你能不能把这些式子进行分类，并说出你的分类标准呢？

（学生分类、交流。）

2. 探究问题

师：我们知道方程和等式之间有着密切的联系，那它们之间有区别吗？方程和等式之间到底具有怎样的关系呢？请同学们根据黑板上的板书，回顾一下刚才我们学过的知识，先独立思考，然后把你的观点在小组内交流。

（学生独立思考，小组交流。）

三、精讲点拨

师：我们把含有等号的式子称为等式，含有大小符号的式子称为不等式。而像这样含有未知数的等式就叫方程。方程中必须有未知数，方程必须是等式，两者缺一不可。注意，方程一定是等式，等式不一定是方程。

（出示图解。）

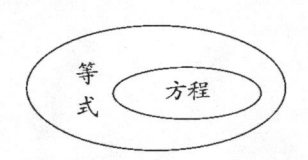

四、巩固练习

1. 判断下面的式子哪些是方程

(1) $35+65=100$ (2) $x-14>72$ (3) $y+24$ (4) $5x+32=47$

(5) $28<16+14$ (6) $6a+2b=44$ (7) $8-n=6$ (8) $10\div a=2$

2. 看图列方程

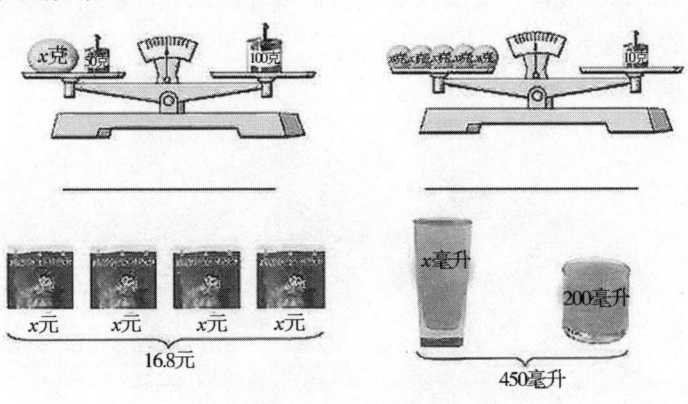

3. 根据下面的信息找出等量关系并列出方程

（1）白鳍豚是国家一级野生保护动物，濒临灭绝。1980年约有400头，比2004年多300头。

（出示白鳍豚的图片。）

如果用 a 表示2004年的只数，列方程：_____。

（2）2004年，我国野生大熊猫约有1600只，是人工养殖大熊猫数量的10倍。

（出示大熊猫的图片。）

如果用 x 表示2004年人工养殖大熊猫的只数，列方程：_____。

（3）2010年，我国最大的东北虎繁育基地的东北虎数量达到1000多只，比2003年的3倍还多100只。

（出示东北虎的图片。）

如果用 y 表示 2003 年繁育基地中东北虎的只数，列方程：_____。

五、总结反思

师：这节课你有什么收获？

（学生总结。）

六、课后提升

师：女儿小薇今年 x 岁，妈妈今年 30 岁，奶奶今年 z 岁。妈妈和小薇的年龄相差 26 岁，奶奶的年龄是小薇的 5 倍。课后同学们互相讨论交流一下，从中你都得到了哪些信息？根据这些信息找出等量关系并列出方程。

教学反思

这节课，我把方程的意义作为教学重点，不仅让学生了解了方程的概念，还让学生学会了如何判断一个式子是不是方程。在教学过程中，我注重学生对方程的后续学习与思考，注重知识的渗透。课堂主要从学生感兴趣的生活实际出发，以小组合作探究为主要方式展开。

1. 密切关注情境在教学中的作用

本节课的导入采用了学生喜闻乐见的跷跷板，为学生创设了生动有趣的学习背景，又借助课件直观演示的优势，使学生具备了最初的对平衡和不平衡的感受。在教学过程中，通过天平称重的演示，让学生尝试用数学知识来描述实验现象，使学生获得了关于等式和不等式的知识，并始终对天平称重的所有情况保持高度的注意。

2. 充分发挥自主探索的学习精神

本节课中，我让学生通过观察、猜测、讨论、比较、整理、分类等活动理解方程的意义，让学生以小组合作的形式自主探究，获得基本的数学知识和技能，激发了学生的学习兴趣，增强了学生学好数学的信心。这样的教学给学生提供了充分的归纳、类比、猜测、交流、反思的时间与空间，使学生的思维能力得到了进一步发展。

3. 对方程的认识从表面趋向本质

（1）在分类比较中认识方程的主要特征。在教学过程中，我先让学生通过观察和操作得到很多不同的式子，然后让学生把写出的式子进行分类。尽管学生分的过程不完全一致，但最后都分出了含有未知数的等式，经过探索和交流，学生认识了方程的特征，归纳出了方程的意义。

（2）体会方程是一种数学模型。方程用等式表示数量关系，它由已知数和未知数共同组成，表达的相等关系是现象或事件中最主要的数量关系。在教学过程中，我让学生通过观察天平的相等关系，感受方程与日常生活的联系，体会方程用数学符号抽象表达的等量关系，使学生对方程的认识从表面趋向本质。

（3）在看、说和写中体会式子。当方程的意义建立后，我让学生观察并判断一组式子是不是方程，并说明这些式子为什么是方程，为什么不是方程，让学生体会方程与等式的关系，加深学生对方程意义的理解。

本节课的教学设计改变了传统的教学方式，通过现代化教学手段把数学情境动态化，大大激发了学生的学习兴趣。当然这节课还存在一些问题，如对等式与方程的关系这一知识点突出不够；对学生的说训练不够，应该给学生更多的表达机会。

（所获奖项：三等奖）

专家点评

本课教案比较详细，注重细节，教师借助生活中的天平帮助学生理解平衡在数学中的应用，设计巧妙。

在教学开始时，教师通过跷跷板的平衡性引出数学中平衡和不平衡的表示式子，贴合生活实际，让学生体会到了数学与生活的密切联系。接下来，教师让学生将一组式子进行分类，通过分析、总结方程的特点和意义以及方程与等式的关系，培养学生的逻辑思维能力和归纳总结能力；通过对类似概念的比较，加深学生对方程的认识。然后，教师又让学生通过各种形式和内容的习题的练习，进一步加深了对方程的理解和运用。最后，教师通过总结反思和布置课后交流任务，拓宽了学生的思维。

需要注意的是，本教案并没有脱离传统的教学策略，仍然采用的是传统教师引导学生的教学方法，而且最后的巩固练习仍然采用的是传统的习题评价方法，应适当加以改进，以利于学生更好地学习。

本节课的知识难度不大，重点是要让学生理解方程思想以及方程思想在生活中的应用，培养学生应用方程思想解决问题的思维意识。因此，教师可以多创设一些方程思想在其他学科或生活中应用的情境，来激发学生学习的积极性。

（点评人：北京师范大学教育学部　鲁利娟）

和互联网一起学数学
——"观察物体"教案及评析

盛 燕[①]

教学背景

教学课时：1课时

教学准备：

1. 学生：每组准备一幅颠倒画、一个麋鹿玩具、一个茶壶。

2. 教师：制作多媒体课件；利用互联网搜索与本课教学内容相关的素材。

教学目标

1. 通过实际操作、观察、比较，体会从不同的位置观察物体所看到的形状可能是不一样的，能正确辨认从某个位置观察到的简单物体的形状，或能根据看到的形状正确判断观察者的位置。

2. 在活动中，能有条理地进行观察，有根据地进行判断，能根据相应的素材进行合理的想象。

3. 能积极主动地参与操作和观察活动，克服困难，努力追求成功。

教材分析

本课主要是让学生从物体的前、后、左、右等不同的位置观察物体，让学生掌握观察物体的基本方法，主要目的在于促进学生空间观念的发展，让学生在观察物体、认识方向的过程中，获得关于空间与图形的知识，更好地认识周围的事物，把握事物的特征。

---

① 盛燕，江苏省大丰市实验小学。

教学重难点

1. 体会从不同角度观察同一物体所看到的图形是不相同的,在活动中体验并掌握观察物体的方法。
2. 在实物与相应视图之间建立正确的联系。

教学方法

根据本课教学内容的特点,主要组织学生通过操作、观察、实验、实践、比较等方法获取知识,形成能力。

教学过程

一、奇妙图画,激趣导入

师:老师今天为大家带来一幅奇妙的画,你们想看一看吗?

(出示颠倒画。)

师:你看到了什么?同样一幅画,为什么你们看到的却不同呢?今天,我们要学习观察物体。

【设计意图】情境教学是低年级教学中一种十分有效的手段。上课伊始,教师从"趣"字着眼,为学生创设情境,符合儿童的思维特点,有助于激发学生的学习兴趣,活跃学生的思维。

二、分层观察,多维尝试探究

1. 以生活经验为切入点,从前、后两个方向观察教室

(1)看一看,说一说

师:我们的教室布置得真漂亮,请小朋友们走下座位,初步观察。先一起站在教室前面观察,再站到教室后面观察,然后自由交流从前面看教室观察到了哪些场景,从后面观察又有什么区别。

(学生观察、交流。)

(2)辨一辨,认一认

(出示分别在教室前面、后面拍摄的照片。)

师：请大家辨认一下，哪一张是在教室前面拍摄的？另一张是在教室的哪一面拍摄的？

（学生回答。）

（3）找一找，议一议

（出示校园内外的照片。）

师：找一找，哪一张是在学校外面拍摄的？哪一张是在学校里面拍摄的？为什么？

（学生回答。）

2. 多维度参与，从前、后、左、右四个方向观察玩具麋鹿

（1）了解麋鹿

师：大家学得这么开心，我们的新朋友也坐不住了，想赶快出来和大家打招呼呢！

（出示麋鹿的图片。）

师：这是我国的珍稀动物麋鹿，因为它的角像鹿却不是鹿，脸像马却不是马，蹄像牛却不是牛，尾巴像驴却不是驴，所以俗称"四不像"。我们的家乡大丰有全国最大的麋鹿自然保护区，欢迎大家去参观哦！

（播放视频《江苏大丰麋鹿国家级自然保护区》。）

【设计意图】麋鹿是世界珍稀动物，江苏大丰是我国最大的麋鹿自然保护区。运用这一地方资源，既让学生对麋鹿有了新的认识，又向大家介绍了地方特色文化。

（2）做游戏

（让学生拿出麋鹿玩具，面朝黑板站立。）

师：下面我们做个小游戏——我说你做。请坐在麋鹿左边的小朋友拍

手，坐在麋鹿前面的小朋友起立，坐在麋鹿右边的小朋友举手，坐在麋鹿后面的小朋友说"嗨"。

（学生做游戏。）

【设计意图】游戏是深受学生喜爱的活动形式，能调动学生的参与热情，巩固学生对方位的认识，为后面的学习奠定基础。

(3) 观察麋鹿

①本位观察

师：请同学们仔细观察桌子中间的玩具麋鹿，并采用"我对麋鹿说悄悄话"的方式交流观察的情况。

（学生观察、交流。）

②换位观察

师：请你们交换位置进行观察，然后想想为什么每次看到的形状不一样。

（学生观察、交流。）

师：因为观察的位置不同，所以看到的麋鹿的形状就不一样。

③全面观察

师：讨论一下，用什么方法能让自己看得更清楚、更全面？

生：可以把玩具麋鹿转一圈或自己绕着它转一圈。

（学生用自己喜欢的方法全面观察。）

师：要认识一个物体，就必须全面地去观察。

3. 变换视角，由具体到抽象地感悟观察方法

(1) 为麋鹿拍照

（出示几张麋鹿的图片。）

师：我要请大家当小小摄影师，先看看这几张麋鹿照片，想想站在什么位置能拍出来，然后马上跑到相应的位置，摆出摄影动作，比一比谁的反应快。

（学生做动作。）

(2) 按要求摆姿势拍照

师：下面我们要跟新朋友一起合影留念了。老师有以下一些规则，希望大家能够遵守。摆出最酷的姿势，拍到两只眼睛、鼻子、嘴；拍到你左侧的身体；拍一张你的背影；让麋鹿站在你右边合影；拍拍你上课时端正的坐姿。

【设计意图】本环节采用学生喜欢的玩具作为素材，通过本位观察、换

位观察、全面观察三个步骤，让学生亲身体验知识形成的过程。从实物到照片，形象直观，既遵循了儿童由浅入深、逐步推进的认知规律，又让学生在轻松愉悦的氛围中体会到了数学学习的乐趣。

三、实践运用，逐步理解内化

1. 连一连

（出示课件。）

师：有三位小学生乘车来观赏麋鹿，分别站在汽车前面、后面和侧面，想想右边的三张汽车图分别是谁看到的，连一连。

（学生连线。）

2. 辨一辨

（出示课件。）

师：观察茶壶，用动作表演看到的茶壶的形态。

（出示从四个方位拍摄的茶壶照片。）

师：从照片中找出自己看到的是哪幅图，说说其他人看到的是哪幅图。

（学生回答。）

（出示从茶壶上方拍的照片。）

师：讨论一下，从哪里观察能看到这样的茶壶？

（小组讨论。）

3. 猜一猜

（出示只看到一部分的图片。）

师：请同学们充分发挥自己的想象力，想一想整个物体会是什么。看谁最能干。

（前三个分别是电视机、小提琴、奥运福娃欢欢。第四个是一个用无数方块遮挡住的动物，教师每次揭开一个小方块，出示其中一部分，让学生讨论，再适时提问：有什么好方法让大家都知道它是什么动物？）

师：要想看清楚，一定要全面观察。

4. 听一听

（播放视频《盲人摸象》。）

师：他们中谁说得对？为什么？

（学生回答。）

师：只观察物体的一部分，对物体的认识就不全面，就会闹出"盲人摸象"这样的笑话。

【设计意图】设计这样的一系列练习，不但给学生提供了自主探索的机会，使学生经历了运用方法的过程，还促使学生把知识转化成了能力，突破了教学的难点。

四、拓展延伸，活用数学思维

1. 欣赏庐山美景，让学生说说体会。

（出示从各个角度拍摄的庐山照片。）

2. 读古诗《题西林壁》，拓展学生的知识面，沟通学科间的联系。

（播放视频《题西林壁》。）

教学反思

本课的教学设计，力争突出以下几个方面。

1. 精心设计活动，在游戏中积累经验

通过认真钻研教材，在准确把握教材的编写意图和教学要求的基础上，我对学生的活动做了精心设计。活动形式力求做到生动活泼，能引起学生的兴趣；每一次观察力求做到目的明确，反馈及时，尽可能让学生人人参与，让学生在活动中获得实实在在的体验。

2. 充分尊重教材，在观察中领悟方法

各个层次的活动基本上是按照教材所提供的素材和活动线索而展开的，但在活动的具体设计和组织安排上又有所突破，我进行了一些更深层次的挖掘和精细化的处理，做到既尊重教材，又对教材进行创造性地加工，以利于取得更好的教学效果。

3. 灵活应用互联网，在学习中拓展知识

互联网是个实用的平台，我在数学课堂上灵活运用了互联网资源，提高了学生的学习兴趣，激发了学生的参与热情，拓展了学生的知识空间，使学生体验了数学的实用价值，提升了课堂的教学效率。

（所获奖项：三等奖）

专家点评

本课教学活动丰富多彩，教师通过不同形式的活动，引导学生多维度观察物体，帮助学生理解观察角度与观察结果的密切关系。教学过程中，教师设置了不同的活动任务，引发学生思考并解决问题，培养了学生的空间思维能力和空间想象能力。

本课教学目标明确，让学生认识到从不同位置观察物体所看到的形状可能是不一样的，能够正确辨认观察结果和观察位置的对应关系。在教学开始时，教师通过一张上下颠倒的图片导入课程内容，让学生直观感受到观察角度不同，观察结果可能不同，激发了学生的学习兴趣，营造了良好的学习氛围。之后，教师通过不同形式的活动引导学生逐步深入了解、体验观察角度与观察结果之间奇妙的关系，由浅入深地引导学生逐步学会从不同的角度对物体进行观察。最后，教师通过形式多样的练习促进学生对所学知识的理解与灵活运用，促使学生把知识转化成能力，突破了教学难点，完成了教学目标。

在教学结束时，教师让学生欣赏庐山美景，读古诗，拓宽了学生的知识面，沟通了数学与其他学科的联系，效果很好。

（点评人：北京师范大学教育学部　鲁利娟）

找、摸、认、做、比，深刻认识角
——"角的初步认识"教案及评析

朱玉娟[①]

教学背景

教学课时：1课时

教学准备：

1. 学生：利用互联网搜索角的有关资料；准备折纸、三角板或直尺、硬纸条、图钉、纸扇、剪刀。

2. 教师：制作多媒体课件；利用互联网搜索与本课教学内容有关的素材；准备活动角，硬纸条，图钉，长方形、正方形、圆形、三角形纸片，圆形实物钟，剪刀。

教学目标

1. 结合生活情境认识角，知道角的各部分名称，会用不同的方法或材料做出角。

2. 通过动手实践，知道角有大小，会用重叠的方法比较角的大小。

3. 在认识角的活动过程中，体会数学与生活的紧密联系，增强学习数学的兴趣。

教材分析

角是一种最基本的几何图形，生活中处处可以看见角。本节课是在学生已经认识长方形、正方形、圆形等一些平面图形的基础上学习的。教材结合生活情境，引导学生从观察生活中的实物开始，逐步抽象出角，让学生初步理解角的含义，体会角的基本特征并感知角的大小，建立角的表象，为进一

---

① 朱玉娟，江苏省淮安市淮阴区新渡小学。

步学习角的有关知识奠定基础。

教学重难点

1. 从直观感知中抽象出角的形状，知道角的各部分名称，能正确指出物体表面的角，能在平面图形中辨认出角。

2. 体会角的大小与两条边叉开的程度有关，会用重叠的方法比较角的大小。

教学方法

本课采用直观情境教学法、演示操作法和自主探究方法。

教学过程

一、互动激趣

（播放视频《国旗国旗真美丽》，师生跟着视频共同表演。）

【设计意图】通过课前播放视频，师生共同表演，拉近教师与学生之间的距离，消除学生的紧张感，激发了学生的学习热情，同时也为本课的学习做了铺垫。

二、创设情境，导入新课

（出示五星红旗的图片。）

师：国旗真美丽，谁知道上面有什么？
生：五角星。
师：为什么起名叫五角星？
（学生回答。课件凸显五角星的五个角。）
师：角是图形王国中重要的一员，今天我们一起来认识这位新朋友——角。（板书课题：角的初步认识）

【设计意图】出示五星红旗图片设疑，让学生感受到数学与生活紧密相连，自然引出新课。

三、自主探究，学习新知

1. 认识角的各部分名称

（1）指一指

师：这些物体上都有角，你能把它指出来吗？（课件出示图片，演示从图片中移下的角）

（2）摸一摸

师：你想摸角吗？请拿出三角尺摸一摸，说说你有什么感觉。

生：尖尖的。

师：哪个地方是尖尖的？

（学生指出。）

生：平平直直的。

师：哪里是平平直直的？

（学生指出。）

（3）画一画，认识角的各部分名称

师：那我们今天就来学习角的顶点和边。（板书：角有一个顶点和两条边）

（学生跟着课件演示比画角，学习画角的顺口溜：小小角，真简单，一个顶点两条边，画角时，要牢记，先画顶点后画边。）

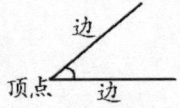

师：请大家借助不同的工具画角，然后组内同学相互介绍自己画出的角，并指出角的顶点和边。

（学生画角、交流。）

（4）找一找

师：生活中的许多地方都藏着角，你能说说吗？

（学生举例。）

师：请欣赏图片，感受角在生活中的作用。

(出示图片。)

健身器　　　　　　　　　　窗户

（5）摆一摆

师：用两根小棒摆出一个有角的图形，并指出角的顶点和边。

（实物投影展示，学生回答。）

【设计意图】通过指一指、摸一摸、画一画、找一找、摆一摆等一系列活动，让学生初步感知角，并利用顺口溜让学生记住角的特征及画角的方法，寓教于乐。

2. 认识角的大小

（1）转一转

（拿出一个实物模型钟。）

师：请你先指一指时针和分针所形成的角。

（学生指，教师转动指针，让学生明白时针和分针的夹角大小发生了变化。）

（2）比一比

（出示三个钟面。）

师：哪个角最大？哪个角最小？

（学生回答，小组交流比较方法：观察法、数格子……）

【设计意图】首先让学生通过观察时针和分针转动所形成的不同的角，感知角有大小，再启发学生用不同的方法比较角的大小，使学生掌握凭观察直观比较角的大小的方法，发展学生的数学思维。

（3）做活动角

师：现在请两名同学上台做角，指出角在哪里。

（学生做角。）

师：想让这个角大些怎么办？想让这个角小些怎么办？

(学生回答。)

师：大家猜测一下谁做的角大，谁做的角小。

(师生一起探讨用重叠法比较角的大小的办法，验证猜想。)

(课件演示用重叠法比较两个角的大小。)

师：现在我用剪刀剪去活动角的边，你有什么感悟？

生：角的大小与两条边的张口有关，与边的长短无关。

师：请同桌两人用重叠法比较角的大小。

(学生比较。)

【设计意图】先让学生做出不同的角，感受角的大小，然后全班学生猜测角的大小，激起学生用重叠法比较角的大小的欲望，并通过课件演示让学生掌握这种方法，为后面教学用三角尺上的直角与钟面上的角比大小埋下伏笔。

四、实践应用，巩固新知

1. 辨一辨

师：这些图形是角吗？是角的，指出角的顶点和边；不是的，请说明理由。

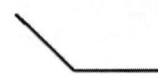

2. 说一说

师：请你说说这些图形各有几个角。

3. 想一想

师：请你指出纸扇上的角。改变纸扇的张口，角发生了什么变化？打开剪刀，合拢剪刀，看看角有什么变化。

师：小组讨论一下，角的大小与什么有关系？

(小组讨论，汇报小结。)

(出示角的大小与什么有关的资料。)

4. 折一折

师：拿一张纸，你能折出大小不同的角吗？

（学生折角，同桌比较角的大小。）

五、总结延伸，拓展新知

1. 拓展知识

师：今天我们一起认识了新朋友——角，你能简单地介绍它吗？关于角，你还想知道什么？

（学生介绍、提问，教师释疑。）

师：课后同学们可以上网查阅资料，了解更多关于角的知识。

2. 角之小调查

师：请同学们课后到校园、街上、家中去找一找我们的"角"朋友。写一篇数学日记，题目叫《我们身边的角》。

3. 字母中找角，领悟含义

（出示课件。）

F A M I L Y

师：上面的字母中也藏着许多角，它们在和我们玩捉迷藏呢。你能找到几个角？其实，这几个字母拼在一起，还有特殊的含义呢！课后大家上网搜索，就会明白其中蕴藏着亲情的秘密。

教学反思

在教学中，我通过让学生经历找角、摸角、认角、做角、比角的过程，使他们深刻认识角。

1. 创设情境，导入新课

我利用互联网上的视频进行课前预热，并让学生在生活中找一找角，体会角与我们的生活息息相关，激发了学生的学习兴趣。

2. 利用计算机网络的优势辅助教学

为了让学生学会用重叠法比较角的大小，我用动画演示结合学生动手操作，更形象生动地说明了问题，同时也蕴含了数学学法的指导。

3. 动手操作与小组活动相结合

我让学生玩一玩、摸一摸活动角，通过自己思考、小组合作和全班交流，优化了解决问题的方法。

本课教学主要有以下几点不足。

1. 比较角的大小时，引导不到位，没有真正地突破"角的大小与两边的张口有关"这一教学难点。

2. 课堂上没有全方位关注学生，如比角时没有及时发现部分学生有创意的比法。

在今后的教学中，我要从学生的实际情况出发，有效地利用网络资源，精心设计好每一节课，鼓励学生自主探究、动手操作，培养学生的创新思维。

（所获奖项：三等奖）

专家点评

整体来说，本课教案设计比较完整且详细，设置的教学目标及内容比较符合该阶段学生的认知特点。教学过程中，教师灵活运用多种教学方法，让学生通过视觉、触觉等多个感觉通道去感知角，寓教于乐，激发了学生的学习兴趣。

教学开始，教师通过国旗上的五角星引入"角"的概念，导入新课内容，贴合了学生的生活实际。接下来，教师通过"指一指""摸一摸""画一画""找一找""摆一摆"等活动，让学生从不同感觉通道充分体会和认识角，进而抽象出数学中角的概念；通过动手操作比较角的大小和制作角，让学生直观体验角的大小与边无关。最后，通过形式多样的课堂练习以及课后拓展活动，巩固了学生的知识，拓展了学生的思维。整个教学过程将教学与生活相结合，体现了数学与生活的紧密联系。

本节课的知识并不难，主要是让学生能从生活情境中抽象出角的概念，所以建议采取小组合作的方式，让学生自主探索角的概念和特点，培养学生的归纳推理能力。

（点评人：北京师范大学教育学部　鲁利娟）

创设和谐教学氛围，促进学生积极发展
——"角的度量"教案及评析

孙庆刚[①]

教学背景

教学课时：1课时

教学准备：

1. 学生：准备量角器、直尺。

2. 教师：制作多媒体课件；利用互联网搜索与本课教学内容有关的素材；准备直尺、量角器、活动角。

教学目标

1. 知道计量角的大小的常用单位是"度"，认识表示度的符号"°"。

2. 在观察中，认识量角器的构造，知道量角器各部分的名称。

3. 在操作实践中，了解和归纳测量角的正确方法，会正确使用量角器测量角，能正确读出角的度数。

4. 会测量实际生活中的一些角。

5. 体验领悟和掌握知识的快乐，培养科学求实的精神。

教材分析

教材分两个层次编排。第一个层次是介绍量角器和角的度量方法。先借助两个学生比较角的大小的情境图，引出"量角的大小要用量角器"，接着让学生讨论用量角器量角的方法。第二个层次是让学生通过对两组角的度量，进一步明确角的大小要看两条边叉开的大小，与边的长短无关。

[①] 孙庆刚，陕西省安康市宁陕县沙沟小学。

教学重难点

1. 认识量角器，会用量角器测量角的大小。
2. 理解角的大小与边的长短无关，正确理解什么情况下读内圈的刻度和什么情况下读外圈的刻度。

教学方法

本课采用自主操作法、合作学习法、讲授法。

教学过程

一、复习引入

1. 创设问题，情境导入

师：同学们好！在上一节课，我们已经知道了什么样的图形叫作角，谁能告诉大家角的含义？

（学生回答，师生共同复习角的有关知识。）

师：那么，你们每人能画出一个角吗？画好后和同桌画的比较一下，看看谁画的角大，谁画的角小。

（学生画角并比较。）

师：同学们，一起来看，（出示活动角）这是什么？

生：角。

师：对，仔细看，（演示活动角逐渐变大）角怎么样了？

生：两边张开了。

师：那角的大小有没有变？

生：变大了。

师：现在，角又怎么样了？（演示活动角逐渐变小）

生：变小了。

师：角的大小与什么有关呀？

生：与角的两条边张开的大小有关。

师：是啊，（手势演示）角的两条边张开得大，这个角就大；角的两条边张开得小，这个角就小。

2. 用活动角比较两个已知角的大小

(1) 猜一猜哪个角大

(出示角：∠1＝30°，∠2＝40°，两角方向相反。)

师：∠1和∠2这两个角，哪个角大呢？

生：我猜∠2大。

生：我也猜∠2大。

师：有不同意见吗？

生：我猜∠1大。

(2) 启发学生想办法验证

师：同学们，刚才你们的猜测都是凭眼睛看的，我们能不能想个办法来比一比，检验一下呢？

生：用活动角来比。

生：用直尺来比。

生：用量角器来量一量。

师：同学们想到了这么多的办法，真厉害！

(3) 用活动角验证

师：有人说用活动角能比，这就是一个活动角，怎么比？(出示活动角)哪位同学愿意到前面来比一比，给大家演示一下呢？

(学生演示。)

师：他这样比对吗？

生：对！

师：谁大？

生：∠2大。

师：你们是怎么看出来的？

生：这个活动角的大小和∠1是一样大的，∠2的另一条边在活动角的外面，∠2比∠1大。

师：真不错，用活动角确实可以比出这两个角的大小。那∠2比∠1大多少呢？这就要用专门的量角工具来量了。今天我们就一起来研究角的度量。(板书：角的度量)

二、探究新课

1. 认识量角器，介绍度量单位

(1) 观察量角器

(出示量角器的图片。)

师：测量角的大小需要使用量角器。看看量角器，（出示量角器）这么复杂，上面都有些什么？拿出自己的量角器和你的同桌交流交流。

（同桌交流。）

（2）反馈

生：有数，有线。

师：这线就是刻度线。有关数，谁有补充？有哪些数？这些数有什么规律？

生：有 2 圈数，每圈数都是从 0 到 180，10 个 10 个地数的。

师：外面的一圈称为外圈刻度，里面的一圈称为内圈刻度，每一圈都是从 0 开始。0 所对着的是 0°刻度线，有几条 0°刻度线？

生：2 条。

师：谁能从 0°刻度线开始，指一指外圈刻度？

（学生指。）

师：他指得对吗？从 0°刻度线开始，指一指内圈刻度，指给同桌看看。

（同桌互指。）

师：延长这些刻度线，它们相交于一点，这一点就是量角器的中心。请你找到量角器的中心，并做上记号，再和大屏幕上的对一对，看看你找得对不对。

（学生操作。）

师：同学们也带了量角器，拿出来同桌互相指一指、认一认、说一说，动作要快。

（同桌交流。）

（根据回答，课件出示量角器各部分的名称。）

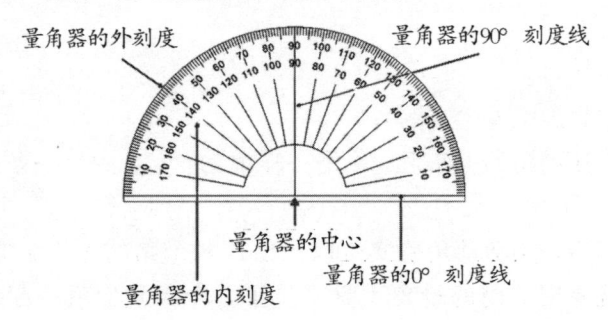

2. 教师引导学生进行实际操作

（1）独立量角

师：都会读了吗？同学们的表现真棒！现在你能用量角器量出一个角的度数吗？

生：能！

师：怎样用量角器测量下面两个角的度数？和你组内的同学交流一下。

（小组交流。）

（2）总结量角的方法和步骤

师：说说你是怎么量的？

（学生回答。）

师：很好！谁听明白了，他是怎么量角的？

（学生回答，教师板书。）

生：先把量角器的中心点和角的顶点重合。

（教师板书：点重合。）

生：角的一条边和量角器的0°刻度线重合。

师：也就是边要重合。（板书：边重合）

生：我们只要看角的另一条边对着哪个刻度，把它读出来就行了。

（教师板书：读刻度。）

师：现在先同桌互相说一说，再自己说一说。

（同桌互说，学生独立说。）

师：量得的角是60°，我们可以记在角的这个位置，（课件标出）一开始就量对的同学举起你的大拇指给老师瞧瞧！真了不起！现在大家会按照你们自己总结出来的方法来量角了吗？

生：会！

3. 独立量角练习

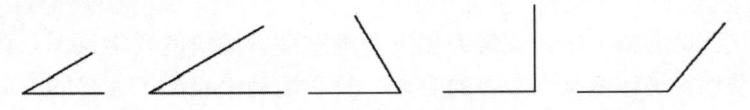

师：用量角器量这两组角，比较一下它们的大小，你发现了什么？

（学生操作，教师出示学生作业。）

师：他量得对不对？

（学生回答，教师在黑板上写度数。）

师：在量角的时候，你有没有遇到什么困难？

（学生回答。）

师：老师在量角的时候，发现边太短，怎么办？

生：可以把边画得更长一些。

（教师用教具再一次演示。）

师：边延长以后角的大小有没有变？

生：没变。

师：通过刚才的测量，我们又一次证明了，角的大小和什么是无关的？

生：角的大小和边的长短无关。

三、巩固

1. 估计三角尺中各个角的度数，再用量角器量一量。

2. 量一量，下面的角各是多少度。

3. 猜一猜，（出示一个一条边被挡住，一条边指着 20°的角）这个角是多少度？并说明理由。

四、总结

师：今天我们学习了什么，学到了什么？你觉得哪些地方是要注意的？

（学生总结。）

教学反思

在这节课的教学中，我努力创设一种和谐、愉快的教学氛围，促进学生积极主动地发展，使其做学习的主人。教学活动中我给了大量的时间让学生观察、动手实践，为他们提供充分的交流、探究的机会。

教学中，我先让学生复习角的相关知识，以引起学生探究的欲望，激活学生的思维。这样的设计既自然，又充分体现了学生的主体性，最重要的是能引导学生学会用发展的眼光去分析事物。

教学怎样用量角器量角这一内容时，我从教学生认识量角器入手：先让学生观察量角器，同桌之间相互说一说，然后小组交流讨论，等每个小组汇报讨论结果后,再根据汇报结果进行归纳总结。为了帮学生加强记忆,我用课件展示量角器的中心点、内刻度线、外刻度线等,这样不仅给了学生一个展示自我的平台,还使教学收到了良好的效果。

教学测量角的大小时,我先让学生试着量,然后说出测量出的度数及测量方法。虽然学生的测量结果不太准确,想出的方法并不都实用,语言不如教材那样准确,但不可否认,学生的思维在自然而流畅地向教材所展示的方法靠近。让学生通过自我发现掌握知识的方法与"向学生呈现学习的材料,强化正确的答案"的传统教学方法相比,前者的学习效果显然优于后者。

(所获奖项:三等奖)

专家点评

本课教师在教学过程中采用了灵活多样的教学方法,引导学生积极思考,拓展学生思维,较好地完成了教学目标。

本课教学目标以及教学内容的设置和安排合理有序,采用自主操作法、合作学习法,让学生了解计量角的大小的常用单位,认识量角器的构造,知道量角器各部分的名称,了解和归纳测量角的正确方法,正确使用量角器测量角,会测量实际生活中的一些角,经历和体验知识的形成过程,体验领悟和掌握知识的快乐,培养科学求实的学习情感。

在教学开始时,教师通过"复习角的有关知识"导入本课内容,较好地引起了学生的学习兴趣,创设了良好的学习氛围。在新内容的讲解中,教师通过先让学生自学,之后与同桌讨论的形式,让学生对量角器有了初步的认识。之后再由教师讲解,加深学生的记忆。最后让学生进行实践操作,自己测量角度,把知识转化为应用能力。在整个过程中,教师充分发挥学生的自主性,引导学生自主探索与合作讨论并最终发现和掌握知识,顺利地达成了教学目标。教师运用了探究式教学的方法,引导学生自主探究量角器的使用,加深了学生对于该知识的理解程度,是本课的一个亮点。

(点评人:北京师范大学教育学部 鲁利娟)

联系学生生活，设计丰富活动
——"秒的认识"教案及评析

李晓辉[①]

教学背景

教学课时：1课时

教学准备：

1. 学生：利用互联网查阅相关的学习资料；自备钟表。

2. 教师：制作多媒体课件；利用互联网搜索与本课教学内容相关的素材；准备钟表。

教学目标

1. 认识时间单位"秒"，建立"秒"的时间观念，知道1分＝60秒，会进行一些有关时间的简单计算。

2. 通过观察、体验等活动，逐步建立1秒、1分的时间观念。

3. 体验数学与生活的联系，体会时间在学习、生活中的应用，养成珍惜时间的好习惯。

教材分析

学生已经初步学习了"学看钟表"，知道了"整时""半时""几时刚过""快到几时"的表达方法，通过"时、分的认识"的学习，已经知道了1时＝60分。本节课意在引导学生在此基础上进一步学习时间单位"秒"和"1分＝60秒"。

教学重难点

初步建立"秒"的时间观念，学习分与秒的关系。

---

① 李晓辉，山东省潍坊市昌乐育才双语学校。

教学方法

本课采用情境法、小组合作法。

教学过程

一、课前互动

1. 猜一猜

（出示谜语。）

师：我们来猜一个谜语："小小骏马蹄不停，嘀嗒嘀嗒声不息。告诉我们按时起，提醒人们争朝夕。"

（学生思考。）

生：钟表。

师：真聪明！我们以前就学习过钟表的相关知识，今天我们继续研究钟表。

2. 喊口号

师：我们班的口号是什么？

生：积极思考，大胆发言，相信自己，我最棒！

师：运用你们的智慧，打造我们快乐、自能、和谐的数学乐园。你们做好准备了吗？让我们一起走进有趣的数学课堂。

【设计意图】通过喊口号给予学生鼓励，增强学生的学习信心。

二、旧知回顾

师：让我们先来回顾一下以前学过的钟表知识。

（出示钟面。）

师：谁能介绍一下钟面？

（学生介绍。）

（出示小猪、小狗的对话情境图片。）

师：小狗和小猪在干什么？什么时间的前面要加上时间词？

（学生回答。）

【设计意图】提供形象逼真的小狗和小猪对话的情境，帮助学生加深对时间的理解。

三、创设情境

师：今天老师给同学们带来了一段短片，我们一起来看一下吧。

（播放视频《2013央视春晚零点倒计时敲钟》。）

师：请同学们针对短片中的数学信息提出问题。

生：秒也是一个时间单位吗？1秒有多长？

生：倒计时的时候，数1个数的时间大约就是1秒吗？

生：1秒和我们学过的1分钟是什么关系？

生：古人是用什么来计时的呢？

师：刚才倒计时数数时，每两个数之间经历的时间很短，像这样计量很短的时间，我们就要用到比"分"更小的时间单位——"秒"。今天，我们就一起来学习有关"秒"的知识。（板书：秒的认识）

【设计意图】密切联系学生的生活实际，开发身边的教学资源，创造性地使用教材，以春晚倒计时的场景为导入情境，既激发了学生的学习兴趣，又使学生直观地感受到生活中"秒"的存在，同时还对学生进行了爱国主义教育。

四、探索新知

1. 认识钟面上的秒针

（出示两个钟面，第二个比第一个多了一根秒针。）

师：在时间王国里有时、分、秒三个兄弟，它们在准确地为我们报时。钟面上又细又长，走得最快的针是秒针。

【设计意图】在观察交流的基础上，加深学生对秒的认识以及对钟面的进一步了解，为学生体验秒的长短和研究分与秒的关系做好充分的铺垫。

2. 体验1秒钟的长短

师：1秒钟到底有多长呢？让我们仔细地看、认真地听。

（播放钟表"嘀嗒"的声音，并出示钟面。）

师：秒针走一格，就"嘀嗒"一声，所经过的时间就是1秒。那么秒针走3小格是几秒？走5小格是几秒？

生：分别是3秒、5秒。

师：1秒钟的时间里，你能完成什么事情？

生：一声问好。

生：眨一下眼睛。

生：口算一道题。

生：拍一下皮球。

师：现在让我们感受一下1秒的价值。

联系学生生活，设计丰富活动
——"秒的认识"教案及评析

（出示图片及相关数据。）

（1）飞机每秒可飞行约 500 米。

（2）火车每秒可运行约 55 米。

（3）卫星每秒可飞行约 7900 米。

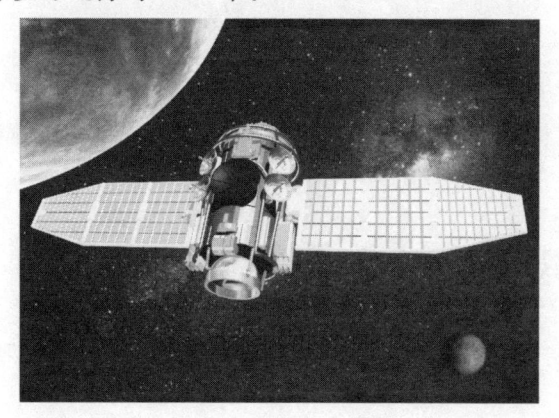

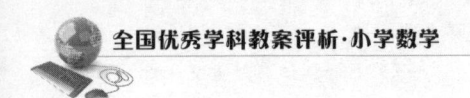

(4) 现代化车间每秒可生产成千上万个零件。

(5) 中国计算最快的超级计算机,每秒运算约 3.39 亿亿次。

师:这短短的 1 秒钟带给我们的是感叹、震撼、惊喜和希望!大家千万别小看了这短短的 1 秒钟,几个 1 秒钟连起来就可以做许多事情。让我们都来珍惜时间,做时间的小主人。

【设计意图】利用网络资料,让学生对秒的价值有了清晰的认识,通过推测与探究、观察与分析,使学生真正成为课堂的主人,能充分展示自己的想法,在自主探究中体会到掌握和理解数学知识的快乐。

3. 认识几秒

(出示时钟动画。)

师:请同学们随着秒针的走动,观察秒针走了几格,时间过去几秒,然后说说自己的看法。

生:秒针走了 5 小格,也就是 1 大格,就是 5 秒。

师:动脑筋想一想,秒针走到数字 4 走了几秒?

(学生回答。)

师:现在老师提议,让我们随着秒针的走动,和着"嘀嗒"声,拍手数秒。

(学生拍手数秒。)

师:秒钟走到数字 9 共走了几秒?秒针从数字 7 走到数字 1 经过了多

联系学生生活，设计丰富活动
——"秒的认识"教案及评析

少秒？

（学生回答。）

师：我们请时间宝宝休息一下，接下来不看钟面，也没有"嘀嗒"声音，大家还能1秒钟拍一下手吗？比一比，看谁拍得最准。

（学生拍手。）

4．探究1秒与1分的关系

（1）认识60秒

师：请同学们注意一下，秒针走一圈，分针怎么走？假如秒针从数字12走一圈又回到数字12，是多长时间？

（学生集体交流，谈谈各自的想法。）

生：秒针走一圈是60秒。

（2）探究分与秒的关系

师：秒针走一圈，分针会走多长的距离？

（学生猜，教师通过演示验证。）

生：秒针走一圈，分针走1小格，也就是1分＝60秒。

（教师板书：1分＝60秒。）

（3）1分钟可以做的事情

师：谈谈在1分钟里你能做哪些事情。

生：画苹果、写数字、写古诗、做蹲起……

（结合学生的回答，进行珍惜时间的教育。）

师：其实，1分钟还能做很多的事情。

（出示图片。）

①骑自行车1分钟可以行驶约200米。

199

②跳绳1分钟可以跳约120次。

③我们的脉搏一般1分钟跳动约75次。

师：刚才我们认识了时间家族中的第三个兄弟——秒，还知道秒针走一小格是1秒，走一大格是5秒，走一圈是60秒，也就是1分钟，1分＝60秒。

五、运用新知解决问题

师：学习数学知识是做什么用的？是用来解决生活中的数学问题的。刚才同学们的表现都非常好。现在，时、分、秒这三个兄弟想考考你们，你们觉得怎么样？有信心吗？下面我们就来运用今天所学的知识解决实际问题。

（教师出示数学问题，学生解答。）

【设计意图】让学生理解数学源于生活，生活中的很多问题可以用数学知识来解决。

六、追溯历史，开阔眼界

师：看见同学们表现得这么好，老师要奖励大家一份礼物。老师通过网络搜集了一些有关时间的资料，现在送给大家，希望你们喜欢。

（出示关于古人计时工具、古人如何用工具表示时间、古人立竿测日影、日晷、沙漏等的资料。）

师：课后，同学们可以查阅相关的资料，进一步了解关于时间的知识。最后，让我们再次感受一下秒的价值。

（播放视频《刘翔12秒88破世界纪录比赛全程》。）

七、课堂总结

师：通过今天的学习，你们有什么收获？

生：我知道了比"分"更小的时间单位是"秒"。

生：通过活动，我感受到了1秒究竟有多长。

生：我知道了秒针走1小格就是1秒。

生：我厘清了秒和分的关系是1分＝60秒。

生：1秒虽然短暂，但是只要好好利用，积少成多，同样可以完成很多事情。

师：时、分、秒三兄弟在时间王国里分工又合作，准确地为人们报时。有了"秒"，人们计时更准确了。

【设计意图】通过对知识的小结，帮助学生将本课的信息进行加工、存储，从而明确教学目标；对学生的表现进行总结评价，以评价促发展，培养学生的团队合作精神，激励学生大胆开口、积极活动，为小组争得荣誉。

教学反思

由于学生在生活中常常用到时间，所以我在教学中尽可能地联系学生的生活，设计丰富的数学活动，引导学生体验1秒和1分的实际长短，建立相应的时间观念，感受时间与生活的密切联系。

教学中，我利用"春晚零点倒计时"的情境，激发学生的学习兴趣，然后让学生体验1秒钟的长短、认识几秒、探究1分与60秒的关系等，让学生循序渐进地认识秒。之后，我又让学生体验了1秒能做很多事情，知道1秒钟虽然短暂，但是只要好好利用，同样可以完成很多事情。

在教学中，我适时对学生进行科普教育，同时渗透德育思想。比如，在1秒的认识中，我向学生介绍飞机、火车、卫星等每秒的行驶速度，培养学生热爱科学的情感；利用互联网资料介绍古人的计时工具和方法，开阔了学生的视野；结合教学内容对学生进行遵守时间和珍惜时间的教育。

本节课总体上达到了预期的效果，完成了授课任务，学生对知识的掌握程度较好，课堂反馈令人满意。但是，教学中也有遗憾，如果巩固练习的形式再丰富些，可能更有利于吸引学生主动参与其中。

（所获奖项：三等奖）

专家点评

时间与学生的学习生活密切相关，而秒作为时间的单位，是学生必须理解和掌握的一个知识点。

本课教案中，教师设计了让学生通过观察、体验等活动认识时间单位秒，建立秒和分的时间观念，体会时间在学习生活中的重要应用的教学目标，合理明确，有助于学生在目标引导下的有效学习。在教学内容的设置以及安排方面，教师通过"春晚零点倒计时"的情境活动导入教学内容，提高了学生的学习热情，创设了良好的学习氛围。教学中，教师通过让学生体验1秒的时间长短以及介绍1秒的时间内可以做的事情，使学生深刻感受到时间的神奇与珍贵；通过对钟面以及秒针转动的观察，让学生认识秒以及秒与分之间的关系，把抽象的知识具体化，促进了学生对秒这一知识点的理解和掌握。最后，教师还用有关古代时间的资料来拓宽学生的知识面，取得了良好的教学效果。

有疑问的是，对于教学开始时通过观看短片提出问题的设想是否切合实际？学生是否真的能提出设想的问题？关于这一点，还需要引起教师的注意。

（点评人：北京师范大学教育学部　鲁利娟）

多种教学手段相互渗透，轻松掌握新知
——"平行四边形的面积"教案及评析

王慎茂[①]

教学背景

教学课时：1课时

教学准备：

1. 学生：把学习长方形、正方形面积时自制的学具整理出来，自制若干个平行四边形模型。

2. 教师：制作多媒体课件；利用互联网搜索与本课教学内容相关的素材。

教学目标

1. 利用方格纸和割补法，推导出平行四边形面积的计算公式，运用公式解答一些简单的实际问题。

2. 通过操作、观察、比较，发展空间观念，渗透转化的思想方法，培养观察、分析、综合、抽象、概括和解决实际问题的能力。

3. 培养合作精神和创新意识，感受数学与生活的联系，激发学习数学的兴趣。

教材分析

平行四边形面积的计算是在学生掌握了平行四边形的特征以及长方形和正方形的面积计算公式的基础上学习的。教学中应运用迁移和转化理论，将平行四边形面积的计算公式这一新知识，纳入到学生原有的认知结构之中。

---

① 王慎茂，山东省青州市王坟中心学校。

教学重难点

1. 探究并推导平行四边形面积的计算公式并能正确运用。

2. 把平行四边形转化成长方形，找出对应关系，推导出平行四边形的面积公式。

教学方法

本课通过观察、操作、比较、分析，发现平行四边形的面积、底、高和拼成的长方形的面积、长、宽之间的关系，引导学生推导出平行四边形的面积计算公式，使学生始终参与到探索活动中。

教学过程

一、提出问题

1. 创设情境

（出示图片。）

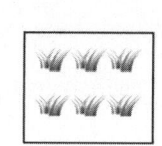

师：美羊羊有一块长 5 米，宽 4 米的长方形菜地，灰太狼有一块底边长 4 米，高 5 米的平行四边形菜地，灰太狼说："美羊羊，你的地离我家近，我的地离你家近，我们俩把菜地换一下吧。"请聪明的你想一想，它们俩的菜地谁的面积大一些？美羊羊能答应吗？

（学生回答。）

2. 预习回顾

（出示关于平行四边形的资料。）

师：通过对课本内容的预习，你发现了哪些问题？

（学生交流。）

师：平行四边形的面积与以前所学图形的面积有什么关系？平行四边形面积公式的推导过程是怎样的？平行四边形的面积公式是什么？

（学生思考。）

师：带着问题，我们来学习今天的内容——平行四边形的面积。（板书课题）

二、初步猜想

师：平行四边形的面积与什么有关？说说你的想法及这样猜想的根据。

（学生自由交流。）

师：我们已经知道用数方格的方法可以得到一个图形的面积，现在请同学们用这个方法数出长方形和平行四边形的面积，（课件出示表格）并把表格补充完整。现在开始数。

平行四边形	底	高	面积
长方形	长	宽	面积

（学生数方格，填表，汇报结果。）

师：通过观察这个表格，你发现了什么？

生：平行四边形的底和长方形的长相等，平行四边形的高和长方形的宽相等，平行四边形的面积和长方形的面积相等。

三、深入探究

1. 分析问题

师：我们用数方格的方法得到了一个平行四边形的面积，但用数方格的方法能数出任意平行四边形的面积吗？为什么？

生：不能，如果平行四边形再大一些的话，就不方便了，所以这种方法不是处处适用。

师：那我们可以想一个什么方法呢？

生：转化成我们学过的图形进行计算。

师："转化"一词用得真好，这是我们学习数学的一种方法，希望大家可以记住。那转化成什么图形呢？

生：长方形。

2. 操作体验

师：请大家拿出准备好的平行四边形模型，看看通过怎样的方法可以拼成一个长方形。

（学生思考、讨论。）

师：用准备的平行四边形和剪刀，看看如何把平行四边形变成长方形。

（教师引导学生用割补法沿着平行四边形任意一条高剪开，平移后拼在一起就可以得到一个长方形。）

师：看看有几种剪拼方法。

（学生汇报结果。）

师：下面请几位同学上讲台给大家演示剪的过程。

（学生演示。）

（出示关于平行四边形转化成长方形剪拼方法的资料。）

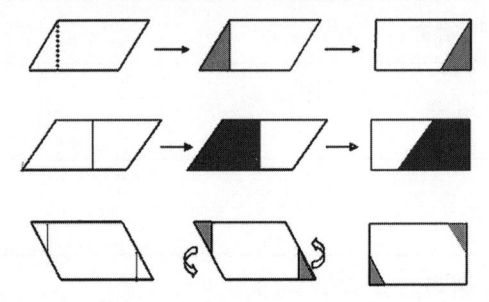

3. 推导公式

师：原来平行四边形的底和剪拼后长方形的长有什么关系？原来平行四边形的高和剪拼后长方形的宽有什么关系？拼成的长方形的面积和平行四边形的面积有什么关系？

（学生回答。）

师：根据长方形的面积的计算方法，你能概括出平行四边形的面积公式吗？怎样计算平行四边形的面积？

（小组汇报交流。）

（出示关于平行四边形面积公式推导的资料。）

师：长方形的面积和平行四边形的面积相等；长方形的长是平行四边形的底，长方形的宽是平行四边形的高；如果用 S 表示平行四边形的面积，用 a 表示底，h 表示高的话，平行四边形的面积可以用字母表示为 $S=ah$。

4. 发散思维

师：大家思考一下，计算平行四边形的面积，先要测量出平行四边形的哪些数据？已知平行四边形的面积和底，怎样求平行四边形的高？

（学生交流，得出结论。）

四、运用知识练一练

1. 联系日常生活，解决实际问题

师：一个平行四边形的停车位底长 5 米，高 2.5 米，它的面积是多少平方米？

（学生先独立解答，然后小组交流。）

2. 动手操作，运用知识解答

师：右图是一个平行四边形，请你运用所学知识测量出所需要数据（单位：厘米），并计算出它的面积。

（学生尝试独立完成，教师指名让学生在黑板板演并讲解。核对答案后，教师引导学生说出两种确定平行四边形的底和底上的高的方法，拓展思维。）

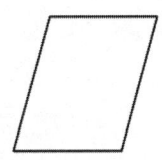

五、堂堂清，考一考

1. 画一画

（1）分别画出底边长 5 厘米、高 3 厘米，底边长 3 厘米、高 5 厘米的平行四边形和长 5 厘米、宽 3 厘米的长方形。它们的面积是多少？你发现了什么？

（2）以 5 厘米长的线段为同一底边，画高为 3 厘米的不同形状的平行四边形，你能画出多少个？你发现了什么？

2. 量一量，算一算

量一量右图中的平行四边形的底是多少厘米，高是多少厘米，并计算出它的面积。

3. 想一想

用木条做成一个长方形框，长 18 厘米，宽 15 厘米，它的周长和面积各是多少？如果把它拉成一个平行四边形，周长和面积有变化吗？

六、学法提升

师：今天这节课，我们通过探索，成功地发现了平行四边形的面积的计算方法。回顾一下我们的探索过程，我们是怎样发现这个计算方法的？

生：猜想、观察、实验。

师：转化是一种重要的数学思想方法，相信大家在今后能更主动地运用这种思想方法去解决一些问题。

教学反思

本节课，我根据教材内容的特点，充分运用多媒体课件、互联网辅助教学，让学生动手拼一拼，动眼看一看，动脑想一想，动笔算一算，动口说一说，让学生对所学知识形成生动、形象、直观的认识。课堂上，我适时提问、点拨，学生自主探索，多种教学手段相互渗透，学生在轻松愉快的氛围中学到了有关平行四边形的新知识，发展了观察、分析、综合、抽象、概括和解决实际问题的能力，培养了合作精神和创新意识，感受到了数学与生活的联系，激发了学习数学的兴趣。

1. 成功之处

首先，重视知识的生成过程。本节课采用"创设情境—提出问题—分析问题—大胆猜想—实践验证—归纳总结"的流程，让学生体验知识的生成过程。学生学会的不仅仅是一个数学公式，还有解决问题的方法。

其次，注重学生的动手实践。通过动手实践，学生才能把具体的表象转化成抽象的知识，并牢记在头脑中。

最后，强化了小组的合作交流。小组合作交流能够将个人智慧融入集体智慧之中，让学生少走弯路，激发学生的求知欲和上进心。

2. 美中不足

学生剪拼平行四边形时，思维活跃，提出了多种拼法，但由于课堂容量有限，没有真正放手让学生深入探究，浪费了一些较好的资源。

（所获奖项：三等奖）

专家点评

本课教学将较为枯燥的数学公式推导蕴于学生动手操作探索之中，结合教师的引导，激发了学生学习数学的兴趣。

本课三维教学目标设置合理明确，教师让学生使用数方格、剪拼两种方法学习对平行四边形的面积公式的推导与理解，寓教于乐，符合学生的学习特点。

在教学开始时，教师通过创设"喜羊羊与灰太狼谁的菜地面积更大"的情境，引起学生的学习兴趣，继而引导学生回顾旧知识，进行猜想，通过数方格方法以及剪拼法，由简单到复杂，由直观到抽象，推断、理解平行四边形的面积公式，完成了教学任务。整个教学过程，教师的讲解和学生的小组合作及自主探索相结合，符合学生的认知规律，而且探索性的教学也有助于学生发散思维的培养。

需要注意的是，本节课以探索的形式让学生大胆猜想，自己验证，这种想法非常好，但是课堂中使用的是剪拼中较常见的方法，如果更放手些，让学生想更多的方法，深入探究，可能效果更佳，学生的积极性会更高。

（点评人：北京师范大学教育学部　鲁利娟）

结合生活经验，让学生学习和感知
——"平移和旋转"教案及评析

胡军红[①]

教学背景

教学课时：1课时

教学准备：

1. 学生：准备和作业纸上大小相同的小房子卡片一张。

2. 教师：制作多媒体课件；利用互联网搜索与本课教学内容相关的素材。

教学目标

1. 结合实例，感知平移、旋转现象。

2. 理解物体的不同运动方式，体验物体平移与旋转的过程。

3. 初步感受方向在现实生活中的作用，了解平移与旋转在生活中的应用，进一步体会数学与生活的联系。

教材分析

本节课是学生第一次接触平移、旋转现象，本节课所学知识是学生今后进一步学习平移、旋转的基础。教材通过日常生活中常见的平移和旋转现象，使学生从运动变化的角度认识空间与图形。从数学意义上讲，平移和旋转是一种基本的图形变换，对于帮助学生建立空间观念、掌握变换的数学思想方法有很大的作用。

---

① 胡军红，山东省潍坊市临朐县城关街道朱堡小学。

教学重难点

1. 感知物体的平移和旋转现象，能在方格纸上沿水平方向、竖直方向平移图形。

2. 能在方格纸上画出一个简单图形沿水平方向、竖直方向平移后的图形。

教学方法

本节课在认识平移和旋转的环节，通过随教师在游乐园中游玩的情境，让学生运用多种感官进行学习；在初步感知平移和旋转现象后，通过判断、举例，引导学生把所学的数学知识应用到生活中去；在进一步理解平移和旋转现象后，让学生通过动手操作，感知平移图形的方法。

教学过程

一、认识平移和旋转

师：今天，我带同学们到游乐园中玩一玩，好不好？大家一边看视频，一边用手势把视频中物体的运动方式表达出来。

（播放视频《勇敢者转盘》《转转杯》《索道》。）

师：刚才视频中物体的运动方式一样吗？

生：不一样。

师：你能按照物体的运动方式给它们分类吗？自己先想一想、画一画运动的路线，然后分类，再和同组的同学商量一下，并说说分类的理由。

（学生独立思考，小组合作学习、汇报。）

师：像这样的运动，它们是平平地、直直地进行的，我们把它们分为一类。数学上把这种平平的、直直的运动叫作平移。（板书：平移）"勇敢者转盘""转转杯"这两个游戏都是围绕着一点来转动的，这样的运动该叫什么名字呢？

（学生回答。）

师：数学上把这种运动叫作旋转。（板书：旋转）今天，我们就来研究平移和旋转。（板书：和）

二、找一找

师：刚才我们认识了平移和旋转，你能判断下面图中哪些是平移，哪些是旋转吗？

（出示课件。）

是平移现象的画"√"，是旋转现象的画"○"。

（　）　　（　）　　（　）

（　）　　（　）　　（　）

（学生独立解答。）

师：这里是饮料加工厂，（课件出示图片）这里面有平移和旋转现象吗？你能找到吗？

（学生回答。）

师：在生活中还有这样的平移和旋转现象吗？和小组内的同学说一说。

（小组讨论。）

三、平移音乐厅

师：你觉得房子能平移吗？我这里有一座房子，大家来看一下。（出示上海音乐厅的图片）漂亮吗？大吗？

师：这是上海音乐厅，它建于1930年，当时的建筑面积近4000平方米。你知道吗？它可不是一开始就建在这里的。我这里有一段新闻，大家来看看。

（播放视频《上海音乐厅整体平移顶升工程》。）

师：你有什么感想？

生：太神奇了！

师：这样神奇的事情也可以发生在我们身边。我这里也有座小小音乐厅。

（出示图片。）

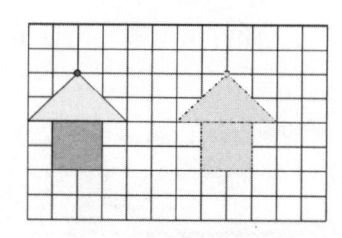

师：你能把这个音乐厅移到右边的位置吗？应该怎么移？关键要说清楚什么？

生：方向。

师：向什么方向移动？

生：右边。

师：还有呢？

生：格数。

师：那我们就要说清楚是向什么方向平移了几格。移动几格？请同学们在作业纸上数一数。

（学生数。）

师：数的时候，你的眼睛盯着小音乐厅的什么部位看？

（学生回答，引出对应点。）

师：除了这一点，还可以观察什么？

（学生回答。）

师：你能不能在你的作业纸上找一找还有哪些对应点？找出来，再画出来，然后数一数它们之间的距离是几格。

（学生找、画、数。）

师：你发现了什么？

生：小音乐厅向右平移了6格，小音乐厅上的点也向右平移了6格，边也向右平移了6格。

师：也就是说，小音乐厅上所有的点和边都向右平移了6格。那么，我们要数一个图形平移了几格，只要数一数对应的点或者边平移了几格就知道了。

四、练习

师：刚才我们通过阅读上海音乐厅的资料体验到了知识的力量，又借助小音乐厅学会了平移的新知识。下面我们就来练一练，看看大家会不会应用我们所学的新知识。

1. 出示练习题一

师：请同学们观察一下中间的火箭，说说火箭如何移动后，会与周围的1号、2号、3号、4号火箭重合？

生：向上平移6格后与1号火箭重合；向左平移5格后与2号火箭重合；向右平移4格后与3号火箭重合；向右平移7格后与4号火箭重合。

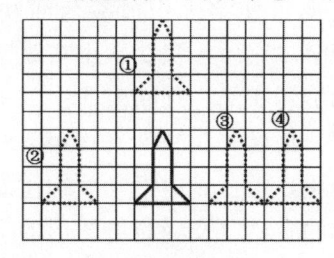

师：请把火箭向右平移4格后的图形涂上颜色。

（学生涂色。）

2. 出示练习题二

（如图。）

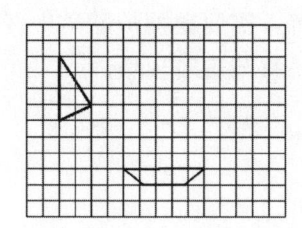

师：请将三角形向右平移6格，将梯形向上平移3格。你发现了什么？

（学生操作、回答。）

师：平移之后，你的作业纸上就出现了一只小船，愿同学们乘着这只小船扬帆远航。

教学反思

这节课重在结合生活经验和实例，让学生感知平移和旋转现象，学会直观地区别这两种常见的现象，能在方格纸上画出一个简单图形沿水平方向、竖直方向平移后的图形，培养学生的空间观念。

本课的教学内容建立在学生已有的生活经验的基础上，教学开始，我让学生通过对游乐园中游戏项目的分类，初步感知平移和旋转，在头脑中初步形成这两种运动的表象。接下来，学生对平移、旋转的理解并没有停留在概念的表面，他们还学会了找出身边的平移、旋转现象，沟通了数学与生活的联系，使数学学习生活化。我在课上引导学生用手势、动作、学具表示平移、旋转，充分调动学生的头、脑、手、口等多种感官直接参与活动，使学生在活动化的情境中学习，不仅解决了数学知识的高度抽象性和儿童思维发展的具体形象性的矛盾，而且使学生积极参与活动，主动探究学习，对平移、旋转有了较深刻的理解。之后，我让学生在观察的基础上，运用感知经验说一说生活中的平移和旋转实例，判断生活中的平移和旋转现象，加深了学生对平移及旋转的理解。最后，在教学平移距离时，我从音乐厅入手，巧妙地将问题情境化、童趣化，很自然地把学生的注意力引向点的移动，让学生通过观察方格纸上图形的平移以及画简单图形的平移，来感知平移的几何特征。

从这堂课的教学效果来看，学生在原有生活经验的基础上，通过具体事例，能较快地感知、判断平移与旋转现象。对于单一的旋转与平移现象，学生比较容易理解，但对于一些易产生歧义的现象，学生理解起来有一定难度，如翻书、开门、跳绳等，需要教师帮助学生仔细分析，弄明白其中的区别，从而使学生真正明白平移与旋转现象。

（所获奖项：三等奖）

专家点评

这节课的教学对象为小学三年级学生，这一阶段的学生直观思维发展强于逻辑思维发展，教师注意到了这一点，从学生的普遍经历——游乐园的游戏项目入手，激发了学生的学习兴趣。

本课教师通过创设在游乐园游玩的情境，让学生调动多种感官参与学习，充分调动了学生的学习积极性，增强了学生学习数学的兴趣，并让学生体会到了数学在实际生活中的重要应用。

在教学开始，教师通过播放视频创设情境，让学生通过个人独立思考与小组合作，对游乐园的游戏项目的运动路线进行分类，进一步理解平移和旋转的特点。接下来，教师设计了丰富多样的练习题，引导学生学习，加深了学生对平移和旋转的形成及其特征的理解。

需要注意的是，本节课不仅要让学生理解平移和旋转的基本示例，同时也要让学生能够区分这两种常见的现象，通过日常生活中更加复杂的例子，结合教师讲解、学生辩论分析来加深理解，进一步区分平移和旋转，使学生真正理解平移和旋转这两种常见的现象。

（点评人：北京师范大学教育学部　鲁利娟）

教师语言引导下的小组合作学习
——"热闹的民俗节——对称"教案及评析

姜 鹏[①]

▌教学背景 ▌

教学课时：1课时

教学准备：

1. 学生：预习课本例题；利用互联网搜索相关对称图片；准备剪刀、彩纸、轴对称图形若干。

2. 教师：制作多媒体课件，利用互联网搜索与本课教学内容相关的素材；准备轴对称图形若干、作业纸。

▌教学目标 ▌

1. 结合实例，通过观察、操作等形式多样的活动，初步感知生活中的对称现象，认识简单的轴对称图形和对称轴，知道轴对称图形的含义，能判断一个图形是不是轴对称图形。

2. 培养观察能力和动手操作能力，发展空间观念。

3. 通过探究活动，激发学习热情，培养主动探究的能力；感受对称图形的美，学会欣赏数学美。

▌教材分析 ▌

"热闹的民俗节——对称"属于"图形与几何"领域的知识。本课是在学生认识简单的平面图形的基础上进行的，教材从学生熟悉的事物入手，通过形式多样的活动，让学生初步感知生活中的对称现象，进而认识简单的轴对称图形及其对称轴，为学生今后进一步探索简单图形的轴对称特性及学习

[①] 姜鹏，山东省淄博市周村区李家小学。

图形的变换打好基础。

教学重难点

使学生初步认识轴对称图形的一些基本特征，能识别出轴对称图形，能用一些方法做出轴对称图形。

教学方法

本课采用情境创设法、小组合作法。

教学过程

一、谈话导入

师：同学们喜欢看动画片吗？

生：喜欢。

师：大家喜欢看《蓝猫淘气三千问》吗？

生：喜欢。

师：老师也非常喜欢看，告诉大家一个小秘密，我跟蓝猫还是好朋友呢！昨天我去拜访蓝猫，它给我看了许多它在民俗节中拍摄到的照片，还向我提出了许多问题，可把我难住了。同学们愿意帮助老师吗？

生：愿意！

师：那我们先一起来欣赏一下蓝猫在民俗节中拍摄到的照片吧！

（出示图片。）

风筝　　　　　　　　　脸谱

【设计意图】利用蓝猫这一学生喜闻乐见的动画形象，拉近师生之间的距离，激发学生的探究兴趣。

二、探究新知

1. 欣赏照片，谈感受

师：你喜欢哪张照片？你是怎么认识它的？这张照片给你带来什么感受？

生：我喜欢那张大花脸的照片，我在电视里看到唱京剧的演员脸上就戴着这样的面具。

生：老师，他说得不对，京剧演员不是戴着面具，那是画在脸上的。

生：老师，我知道那个叫脸谱。

生：老师，我喜欢风筝的照片，我爸爸带我去放过好几次风筝。

生：老师，我爷爷会做风筝。

……

（学生边观察边交流，互相学习，丰富知识。）

2. 探究对称现象

（1）小组合作，发现对称现象的基本特征

师：同学们知道的东西可真不少。你能不能再仔细地对比观察一下，看还能不能有更伟大的发现。请同学们在小组长的带领下讨论、研究一下，看哪个小组合作得最好，观察得最仔细。

（小组讨论。）

生：第一张照片左右两边的花纹一样。

生：有些照片左右两边一样，有些照片左右两边不一样。

生：第二张照片虽然左右两边不一样，但是也很漂亮。

生：沿第一张照片中间画一条线，再沿着中间的线对折一下，两边能重合。

生：老师，我补充一下，第一张照片沿着中间对折，左右两边能重合，第二张照片不行。

……

（2）小结对称现象，揭示课题

师：同学们观察得真仔细！通过合作，大家发现了一个了不起的数学现象。像同学们刚才观察到的这样，左右两边完全一样或者沿中线对折后两边完全重合的现象就是对称现象，这就是我们这节课要学习的内容。（板书课题）

（学生自读课题。）

【设计意图】学生在观察图片的基础上，感性地认识了对称现象。接着，教师用贴近学生实际的语言总结对称现象，有利于加深学生的理解。

3. 延伸对称现象

（出示大量对称的和不对称的实物图片。）

师：这些图片是蓝猫拜托我给同学们带来的礼物，在这些图片中，只有对称的图片是送给同学们的，你能运用对称的知识找到蓝猫送的礼物吗？说说你是怎样找到的。

生：蓝猫送给我一朵漂亮的小花，因为从这朵小花中间对折，两边完全重合，所以它是对称的。我很喜欢这份礼物，谢谢蓝猫！

生：老师，这张桌子左右两边是对称的，所以这是蓝猫送给我的礼物。

……

【设计意图】学生在接受礼物的愉悦氛围中巩固了对对称的理解。

4. 寻找对称现象

（1）寻找身边的对称现象

师：观察一下，在咱们教室中有对称现象吗？说说你的发现。

生：老师，我发现讲桌是对称的，因为它的左右两边是一样的。

生：我发现黑板是对称的，它的上下、左右都一样。

生：教室的两扇门是对称的。

……

（2）寻找自己身体上的对称现象

师：在自己的身体上，你能发现对称现象吗？你能做一个对称的动作吗？

生：老师，人的两只眼睛是对称的。

生：人的身体是对称的，左右两边一样。

……

（3）寻找大自然中的对称现象

师：大自然中有哪些对称现象？请同学们先自己想一想，再互相说一说。

生：蜻蜓是对称的。

生：蚂蚁是对称的。

生：大部分动物的身体都是对称的，像青蛙、老虎、狮子、麻雀……

生：有的石头是对称的。

……

【设计意图】学生通过寻找教室中、身体上、大自然中的对称现象，由近到远，逐步发散思维，把数学知识与生活密切联系起来。

（4）体会对称在生活中的重要性

师：同学们刚才举了那么多对称的例子，为什么这些物体是对称的呢？不对称行吗？

生：如果小鸟不对称，左右两边的翅膀不一样，就飞不起来了。

生：如果人的身体左右两边不对称就不漂亮了，就成残疾人了。

……

师：对称在我们生活中处处可见，跟我们的生活密切相关。

5. 猜一猜

师：蓝猫另外准备了几份礼物，打算送给我们班表现最优秀的同学，你能运用对称的知识猜出这是什么吗？

（教师出示仅显示一半的物体图片，学生想象，猜出物体名称。）

三、实践活动

1. 拼图，制作粘贴画，回赠礼物

师：老师这儿有许多不完整的物体图片，请同学们小组合作拼一拼、摆一摆、粘一粘，制作一幅漂亮的粘贴画送给蓝猫好吗？在小组合作之前，先根据自己的爱好小组分工。

（小组分工。）

师：哪个小组想汇报一下自己小组的分工情况？

组1：我们组的刘丽和冯小明负责把不完整的图片拼好，王洪岩和柳斌负责把拼好的图片设计好位置摆在大纸板上，我和王帅负责用胶水粘图片。

……

（小组合作制作。）

师：谁来介绍一下自己小组的作品？

组1：我们小组的作品是分类设计的，把家具摆在一起，把日常用品摆在一起……

组2：我们组利用这些图片拼成了一幅美丽的画，看，小熊坐在沙发上欣赏着桌子上那美丽的小花，蜻蜓在空中飞舞……

……

【设计意图】通过拼图这一教学环节，在轻松的气氛中既巩固了学生对知识的掌握及运用情况，又培养了学生的合作意识、想象力及创新能力。

2. 欣赏、感受对称美

（教师出示图片，学生欣赏。）

青蛙 　　　　　　　　　巴黎圣母院

四、课后实践

师：课后请同学们收集一些树叶，观察一下哪些是对称的，哪些是不对称的。然后，再用这些树叶拼成一幅漂亮的树叶画，下一节课我们一起来展示。大家还可以利用互联网搜索一些有关轴对称图形的视频，以便巩固今天所学的知识。

教学反思

数学新课程标准指出，学生的数学学习应当是现实的、有意义的、富有挑战性的，这些内容要有利于学生主动地进行观察、实验、猜测、验证、推理与交流等数学活动。有效的数学学习活动不能单纯地依赖模仿与记忆，动手实践、自主探索与合作交流是学生学习数学的重要方式。结合新课标的精神，回顾本节课的教学，我认为在以下两个方面体现得较为突出。

1. 贴近学生的生活实际，让学生在生动具体的情境中主动学习。我通过学生熟悉的动画片导入新课的学习，并贯穿整个教学过程的始终，让学生在轻松、愉悦的氛围中探索新知，取得了较好的教学效果。

2. 注重充分利用学生的生活经验，让学生人人动手、动脑、动口参与实践活动。教学中，我设计了拼图的活动，让学生动手、动脑，发挥自己的想象力创作作品，加深了学生对对称的认识，巩固了新知，培养了学生的合作意识和创新能力。

（所获奖项：三等奖）

专家点评

本课教师通过出示蓝猫在民俗节拍摄的照片、蓝猫赠送的礼物等，创设了生动有趣的情境，让学生置身于其中，愉快地学习。

在教学开始时，教师让学生欣赏、观察照片，交流感受，继而通过小组合作让学生自主探索对称现象以及对称的基本特征，鼓励学生积极思考，加深学生对对称的理解。教学结束时，教师引导学生在课后寻找生活中的对称现象，深入浅出，符合学生的认知能力。

在教学过程中，教师将信息技术有效地运用于课堂教学，促进了教学目标的实现。

需要注意的是，不是所有的学生都看过《蓝猫淘气三千问》，都喜爱蓝猫，整堂课都围绕着蓝猫展开，对没有看过该动画片以及不喜欢蓝猫的孩子而言，这堂课是将他们排除在外的，教师应在课前对学生的情况有具体了解，考虑多些选择，或让学生自行选择教学素材。

（点评人：北京师范大学教育学部　鲁利娟）

交流中理解，争辩中思考，点拨中提升
——"认识比"教案及评析

朱文娟[①]

▌教学背景 ▶

教学课时：1课时

教学准备：

1. 学生：复习分数与除法之间的联系，预习新课。

2. 教师：制作多媒体课件；利用互联网搜索与本课教学内容相关的素材。

▌教学目标 ▶

1. 在具体情境中理解比的意义，掌握比的读写方法，知道比的各部分名称，会求比值。

2. 经历探索比与分数、除法关系的过程，初步理解比与分数、除法的关系，会把比改写成分数形式。

3. 在活动中培养分析、综合、抽象、概括的能力，在解决实际问题的过程中体会数学与生活的联系，体验数学学习的乐趣。

▌教材分析 ▶

"认识比"是在学生掌握了分数与除法的关系，分数乘法、除法的意义和计算的基础上学习的。在以往的教学中，教师常常会将教学的重心放在理解比的基本性质和解答按比例分配的实际问题上，而对教学比的意义反而轻描淡写，一笔带过，这是很不合适的。相对于后者而言，比的意义更为基础，是后续学习的前提。另外，由于现实生活中大量"差比"关系的存在，

[①] 朱文娟，江苏省扬中市第二实验小学。

学生往往会受其负面迁移，对学习本单元"倍比"这一关系时产生干扰，影响其对新知的正确理解与表达。因此，教师应紧扣"比的意义"这一具有核心作用的知识主线，调动一切积极因素，强化学生对比的意义的理解，为学生学习本单元的其他内容奠定坚实的基础。

教学重难点

1. 理解比的意义。
2. 理解比与分数、除法的关系。

教学方法

本课从问题提出到问题解决，竭力把参与认知过程的主动权交给学生，让学生全面参与、全员参与、全程参与，真正确立学生的主体地位。

教学过程

一、课前预习，初步了解

1. 了解知识的全貌

师：请大家阅读教材。

（学生阅读教材，然后点击进入《认识比》教学课件，根据教学流程自学。）

2. 思考问题

师：请大家带着以下问题进行本节课的学习。比的意义指的是什么？比的读法、写法怎样？比的各部分名称是什么？比的后项可以是任何数吗？比号应怎样规范书写？比与分数、除法之间有什么区别和联系？怎样求比值？生活中哪些地方用到比？它们与数学中的比有什么不同？

【设计意图】课前预习可以把课堂中一些只需浅层思维的探究活动提前完成，为课堂上学生的合作交流留足时间。同时，让学生带着问题学习，学习的目标指向会更明确，有助于学生将"要我学"转变为"我要学"，提高学生的主体参与度。

二、创设情境，揭示课题

（出示关于金山寺的资料。）

师：金山寺是江苏省镇江市著名的游览胜地之一。古代金山是屹立于长

交流中理解，争辩中思考，点拨中提升
——"认识比"教案及评析

江中流的一个岛屿，"万川东注，一岛中立"。下图是金山寺中的慈寿塔。
（出示慈寿塔的图片。）

图1

图2

图3

师：同样是慈寿塔的图片，有的看起来很漂亮，很美观，有的看起来却很别扭。你觉得哪一幅图看起来最美观、最舒服？
生：图1。
师：不知道大家有没有发现，图片的长和宽不同，给人带来的感觉也就不一样。我们先来观察一下大多数同学认可的第一幅图片，你知道可以怎样表示长和宽之间的关系吗？
生：用相差关系表示。
生：用倍数关系表示。

生：用比表示。

（教师揭题：认识比。）

【设计意图】以欣赏三幅图片切入，引发学生思考，既激起学生的好奇心理，又制造了一种认知冲突，让学生在惊奇之中有一种期待：这些图片与今天的数学课有什么关系呢？同时引导学生观察图1的长与宽，让学生通过已有的知识与经验，认识到用减法可以表示两个数量之间的相差关系，用分数或除法可以表示两个数量之间的倍数关系，甚至还可以用"比"来表示，激发学生探究学习的欲望。

三、探索交流，深入学习

1. 初步理解比

师：图1中长与宽的比是3比2，宽与长的比是2比3。

（出示课前思考题，交流比的读法、写法及各部分名称。）

师：3∶2是哪个量与哪个量的比？2∶3呢？

（学生回答。）

师：为什么在长与宽的比中3是比的前项，而在宽与长的比中3又是比的后项了呢？

（学生回答。）

师：两个数的比是有顺序的。因此，在用比表示两个数量的关系时，一定要按照叙述的顺序，正确表达是哪个数量与哪个数量在比，不能颠倒。

2. 完成"试一试"

师：一种洗洁精，加进不同数量的水后，可以清洗不同的物品。下图表示在配制不同浓度的溶液时洗洁精与水的比。（灰色部分表示洗洁精，白色部分表示加进的水）

（依次出示下面三幅图。）

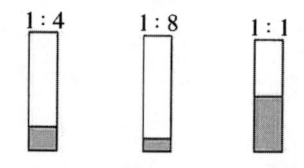

1∶4   1∶8   1∶1

师：你知道1∶4是表示哪两个数量之间的关系吗？这里的"1"是指1升吗？是指1毫升吗？如果"1"代表1升洗洁精，那水是几升？如果水是1升，那么洗洁精是几升？这里的"1"和"4"分别表示什么呢？

（学生回答。）

师：谁来解释一下这里的1∶8？

（学生回答。）

师：如果洗洁精与水的比是1∶1，说明什么？

生：1∶1是一个特殊的比，表示洗洁精和水的含量是一样多的。

师：这些不同的比各有什么作用？

（学生回答。）

【设计意图】通过自学，让学生体会到比是对两个数量进行比较的另一种数学方法。结合两个比的前后项的不同，巧妙地帮助学生明确比是一个有序的概念。通过引导学生参与讨论洗洁精与水的体积之间关系的表示方法，让学生初步体会到比与除法、分数之间的内在联系。

3. 深入认识比

（出示例题：走一段900米长的山路，小军用了15分钟，小伟用了20分钟，分别算出他们的速度。）

师：小军走的路程与时间的比是900∶15，小伟走的路程与时间的比是900∶20。900∶15表示什么？900∶20呢？

生：速度。

师：观察这几个比，两个数的比表示什么？

（学生回答。）

师：两个数的比表示两个数相除。比既可以表示两个同类量相除，也可以表示两个不同类量相除。

4. 比与分数、除法之间的关系

（出示课前思考题。）

师：什么叫比值？怎样求比值？比和比值是一回事吗？比和除法、分数有什么联系？比还可以写成怎样的形式？比的后项能为0吗？为什么？

师：请同学们完成下列表格。

名称	相互联系			
比	前项	∶（比号）	后项	比值
除法	被除数	÷（除号）	除数	商
分数	分子	—（分数线）	分母	分数值

（学生交流、填表。）

师：比与除法、分数的联系和区别在哪里？

（学生回答。）

5. 内化比

师：生活中，你们经常在哪儿见到比？

（学生回答。）

（出示一则体育信息：一场篮球比赛中，甲队以4∶0战胜乙队。）

师：根据这则消息，小红认为比的后项可以是0，你同意吗？看到这则消息，你首先想到的是什么？

（学生回答。）

（出示关于体育中的比的资料。）

师：今天我们所学的比是表示两个数相除，而体育比赛中的比只表示双方的成绩，是一种相差关系，二者的意义是不同的。

（出示关于数学中的比与体育比赛中的比的区别的资料。）

【设计意图】通过自学、交流、点拨、引导，让学生深入理解比的意义，掌握比的其他相关知识，有利于培养学生的自学能力和合作精神。将数学中的比与体育比赛中的比相区分，既巩固了课堂知识，又为学生解决了生活中的困惑。

四、巩固练习，拓展延伸

1. 填一填

11÷6＝（　）∶（　）＝$\frac{(\quad)}{(\quad)}$

2. 选一选

小强的身高是1米，他爸爸的身高是173厘米。小强与爸爸身高的比是（　　）。

A　1∶173　　　　B　100∶173　　　　C　1∶1.73

3. 比一比

（1）三杯糖水，糖与水的比分别是3∶20，5∶30，1∶12，哪杯糖水最甜？

（2）根据第三杯糖水中糖与水的比是1∶12，你知道糖与糖水的比是多少吗？你还能想到哪些比？

【设计意图】分层练习，既巩固了比的基础知识，又进行了拓展延伸，有助于加深学生对比的意义的理解，提高了学生的数学思考能力。

五、全课总结，首尾呼应

（再次出示慈寿塔的图片。）

师：还记得我们做的这个调查吗？大家都认为第一幅图最美观。其实这个调查结果并不是偶然的，国外也曾有科学家做过这样的实验，结果很多人都选择了这种宽和长的比接近2∶3的长方形。这是什么原因呢？

（出示关于黄金比的介绍的资料）

师：现在你知道为什么第一幅图最美观了吗？它的宽与长的比值就接近0.618。在我们的生活中，有许多自然美的物体和现象，都与这"黄金比"有关。

（出示关于生活中的黄金比的资料。）

（1）身体中的黄金比：人体最优美的身段是下肢的长度与身高的比为0.618∶1。

（2）温度中的黄金比：人体感觉最舒适的气温（23℃）和人体正常体温（37℃）的比是23∶37，比值接近0.618。

师：课后请大家去了解生活中还有哪些地方运用了比的知识，想想自己对于比还有什么疑问或想要继续探究的地方。

【设计意图】趣味引入，揭秘结束，首尾呼应，浑然一体。在拓展学生知识面的同时，又激发起学生进一步探究的欲望，丰富了学生的精神世界。

教学反思

比的现象在生活中司空见惯，比如，按一定的比例稀释清洁剂、加工混凝土等都要用到比的知识，学生对"比"这一概念并不陌生。但由于生活中许多"差比"的存在，妨碍了学生对"倍比"的理解。基于这样的思考，我安排学生在课前预习，了解知识全貌，带着问题与思考进入新课学习。教学效果的确不错，学生兴趣浓厚，在交流中理解，在争辩中思考，在点拨中提升。

教学中，我将对"比的意义"的理解分为四个层次：从实例引入，理解同类量的比；从常用数量关系入手，理解不同类量的比；利用旧知迁移，内化比与分数、除法之间的联系；与体育比赛中的比相区别，深刻理解数学中的比。通过这样四个层次的教学，让学生对比的内涵与外延都有了深刻的理解。

我对练习进行了整合与改编："练一练"巩固学生对比的意义的基本理解；"选一选"让学生更好地理解同类量之间的比，沟通旧知，为后续学习埋下伏笔；"比一比"既渗透了如何求比值，不知不觉延伸出比的基本性质，又为按比例分配的学习奠定基础；对黄金比的介绍，融合了多种学科，使学生在感受美的同时，体悟数学之妙；课后对比的探索，意在让学生经历一次奇妙的数学之旅。

　　一堂课上完，我觉得遗憾的地方还有很多，如预习工作怎样才更有效，如何使学生对"两个数相除又叫作两个数的比"这一概念的理解更深入，等等。比与分数的联系还可以讲得更深入，以便学生举一反三，基础练习还可以再多一些……

（所获奖项：三等奖）

专家点评

　　这是一堂知识与趣味并存的课，需要学生在掌握比的概念、书写形式，区分比与分数、除法的基础上进一步了解比的意义。

　　在教学开始时，教师提出问题，让学生带着问题有针对性地预习，对整堂课的内容有全面的理解；继而，教师创设情境，引出本课主题，通过洗洁精与水的兑比开启对比的探索交流，通过路程与时间的比深入讲解比的知识；接着通过对比的知识的延伸，与实际生活联系，引导学生区分体育比赛中的比与数学中的比，观察生活中其他的比；最后通过总结本节课的内容帮助学生巩固所学知识。整个教学过程结构紧凑，逐级递进，符合学生的学习规律。

　　在教学过程中，教师通过对网络资源的收集与整理，丰富了教学材料，体现了多媒体教学也是一种有效的教学手段。

　　本节课的教学重难点之一是理解比的意义，建议教师可以充分发挥学生的主动性，将学习的主动权交给学生，让学生自己去发现、去感知。

（点评人：北京师范大学教育学部　鲁利娟）

多层次、多角度地提高学生的认识
——"认识分数"教案及评析

夏丹平[①]

教学背景

教学课时：1课时

教学准备：

1. 学生：每人准备一张长方形纸、一张正方形纸、一支水彩笔和一张圆片（由教师设计好大小）。

2. 教师：制作多媒体课件；利用互联网搜索与本课教学内容有关的素材。

教学目标

1. 结合具体情境初步认识几分之一，学会运用直观的方法比较几分之一的大小。

2. 认识分数的各部分名称，能正确读、写表示几分之一的分数。

3. 结合观察、操作、比较、联想等活动，丰富数学活动经验，获得积极的情感体验。

4. 感受数学与生活的联系，进一步产生对数学的好奇心和学习数学的兴趣。

教材分析

分数学习是学生对数的认识的一次拓展，同时又是后续学习小数知识的基础。我经过多次调查发现，部分学生对分数已经有了一些模糊的了解，但都比较肤浅，还不能把握分数的本质。因此在教学时，教师应该从学生已有

[①] 夏丹平，江苏省东台市实验小学。

的知识经验出发，通过组织大量直观的、感性的数学活动，帮助学生初步理解分数的意义。

教学重难点

探索和发现把一个图形或一个物体平均分成若干份，其中的一份可以用分数几分之一来表示，能运用直观的方法比较分子都是 1 的两个分数的大小。

教学方法

本课采用创设情境法、直观演示法、操作实践法。

教学过程

一、设疑引知，初步认识

师：叮叮和当当在郊游时遇到了和数有关的问题，你想不想去看一看？

生：想！

（课件出示。）

师：瞧！他们俩带来了不少东西，你能帮他们把这些东西分一分吗？

（师生交流。）

师：把 4 个苹果、2 瓶矿泉水平均分给 2 人，每人分得多少？

（结合学生回答演示课件。）

师：每份分得同样多，在数学上叫作平均分。问题来了，蛋糕有几个？

生：一个。

师：那还能平均分吗？每人分得多少？

生：一半。

师：怎么分？

生：从正中间切。

（课件演示。）

师：把一个蛋糕平均分成两份，其中的每一份都是这个蛋糕的一半。那么，如何用数来表示"一半"？

（学生交流。）

师：今天，我们就一起来认识数家族的新朋友——分数。（板书课题：认识分数）

二、实验操作，全面认识几分之一

1. 自主探索，认识 $\frac{1}{2}$

（1）直观感知，初步认识

（课件演示。）

师：把一个蛋糕平均分成2份，其中的1份就是这个蛋糕的 $\frac{1}{2}$。

（同桌互说。）

师：这一半蛋糕是这个蛋糕的 $\frac{1}{2}$，那么，另一半蛋糕又是这个蛋糕的几分之几呢？为什么也用 $\frac{1}{2}$ 来表示？

（学生回答。）

师：大家和他想的一样吗？

（课件演示，指导学生读 $\frac{1}{2}$。）

师：把一个蛋糕平均分成2份，每份都是它的 $\frac{1}{2}$。

（2）动手操作，深化认识

师：请大家动手折长方形纸，并给其 $\frac{1}{2}$ 涂上颜色。

（学生操作，交流各种不同的折法。）

师：折法不同，涂色部分的形状也不同，那为什么涂色部分都是长方形的 $\frac{1}{2}$？

（学生讨论、回答。）

（3）学写分数

师：你想写一写 $\frac{1}{2}$ 吗？应该怎样写呢？写这个数的时候，先画一条横线表示平均分。这个蛋糕平均分成了几份？

生：2份。

师：所以2就写在横线的下面，这半个蛋糕是其中的1份，就把1写在横线的上面，这就是分数 $\frac{1}{2}$ 的写法。你想试一试吗？

（学生写 $\frac{1}{2}$。）

（4）认识分数的各部分名称

师：这个 2 叫作什么？1 叫作什么？这条线叫作什么？请打开教材，看看书上是怎么说的？

（学生看书。）

师：这条横线表示什么意思？分母 2 表示什么意思？分子 1 呢？

（学生回答。）

（5）观察判断，拓展认识

师：下列图形中（图略），哪些图形的涂色部分可以用 $\frac{1}{2}$ 表示？

（学生交流，并说明判断理由。）

师：只有把一个物体或一个图形平均分成 2 份，每份才是它的 $\frac{1}{2}$。

【设计意图】$\frac{1}{2}$ 是最简单的分数，学生最容易理解它的含义。因此，本节课先通过各种活动丰富 $\frac{1}{2}$ 的表象，让学生在理解的基础上认识 $\frac{1}{2}$。

2. 类比迁移，认识几分之一

师：刚才我们用折的方法来表示这张纸的 $\frac{1}{2}$。请同学们想一想，用折的方法除了可以表示这张纸的 $\frac{1}{2}$ 外，还可以表示这张纸的几分之一呢？

（学生动手折纸、涂色，表示出图形的几分之一。）

师：你表示出了几分之一？你是怎么表示的？

（教师选择学生作品中不同图形的 $\frac{1}{4}$，学生回答。）

师：这些图形的形状不同，为什么涂色部分都能用 $\frac{1}{4}$ 表示？

（学生回答。）

3. 深入探究，比较分数大小

（1）听故事，比较分数大小

师：大家喜欢看动画片吗？知道哆啦 A 梦和大雄吗？我们来看一段动画片，轻松一下，好吗？

（播放视频《哆啦 A 梦》。）

师：他们是一对好朋友，可是今天却吵架了，为什么呢？原来只剩下一

多层次、多角度地提高学生的认识
——"认识分数"教案及评析

个月饼了,可是两人都想吃。哆啦A梦说他要吃这块月饼的 $\frac{1}{2}$,大雄一听也着急了,说他要比哆啦A梦多吃,要吃这块月饼的 $\frac{1}{4}$。

师:究竟是谁要吃得多一些呢?哆啦A梦还是大雄?
(学生猜测、交流。)

师:究竟谁说的话有道理呢?
(教师贴出同样大小的圆的 $\frac{1}{2}$ 和 $\frac{1}{4}$,学生比较验证。)

师:你有什么想对大雄说的吗?
(学生汇报、交流,教师小结。)

(2)拓展

师:如果用同样大小的圆表示出它的 $\frac{1}{8}$,把这个 $\frac{1}{8}$ 和 $\frac{1}{2}$、$\frac{1}{4}$ 相比,谁大谁小?
(学生猜测后,再结合自己的作品验证猜想。)

师:$\frac{1}{16}$,$\frac{1}{20}$ 呢?它们越来越怎么样?

生:越来越小。

【设计意图】数学新课标提出,学生是学习的主人,教师应给学生提供充分进行数学活动的机会。在认识 $\frac{1}{2}$ 后,教师让学生发挥自己的想象力,创造出自己喜欢的几分之一,既可以增强学生学习的兴趣,又能让学生在动手操作中感受其他分数的含义,进而认识新的分数。

三、回归生活,在实际应用中提升能力

1. 练习

师:老师想考考同学们的眼力如何,老师这儿有一张长方形纸条,如果全部涂色,可以用1来表示,那么第二张、第三张纸条的涂色部分该怎么表示呢?

(学生回答,教师演示。)

师：你能根据三张纸条涂色部分的大小，比较出这三个数的大小吗？

（学生回答。）

师：如果继续平均分，还可能出现几分之一？平均分的份数越多，表示每份的分数就怎样？

生：越小。

【设计意图】适当的练习能使学生掌握知识，形成技能，是促使学生思维发展的重要手段。因此教学中有必要进行适量的练习，让学生在练习过程中内化新知。

2. 国旗中的分数

师：你能找到藏在这些国旗中的分数吗？

法国国旗　　　　　　　　哥伦比亚国旗

（学生讨论、回答。）

3. 生活中的分数

（出示课件。）

师："科学天地""艺术园地"大约占黑板报版面的几分之一？

生："艺术园地"占黑板报版面的 $\frac{1}{4}$。

师：版面不是分成了3份吗？

生：把"科学天地"再分，黑板报版面就平均分成了4份。

师：我们身边有分数吗？请你找一找自己身上、教室里的分数。

（学生回答。）

【设计意图】数学新课标十分强调数学与现实生活的联系，因此本环节展示了一些生活中的素材,目的是让学生体会到分数就在我们的身边,进一步产生学习数学的兴趣。

四、全课小结

师:今天这节课,你有什么收获?

(学生总结。)

教学反思

1. 创设问题情境,激活学生的生活经验

分数的概念比较抽象,学生学习起来有一定困难。为了使抽象的数学概念能以一种生动活泼的姿态呈现在学生面前,在新课伊始,我创设了"两个人一个蛋糕,怎么分"这样一个既富有生活情趣又蕴含认知冲突的问题情境,巧妙地在"一半"这一生活经验和"$\frac{1}{2}$"这一数学知识间架起了一座认知的桥梁,向学生展示了一个更直观、更形象、更生动的$\frac{1}{2}$。这样不仅激发了学生的求知欲望,也激活了学生的生活经验。

从学生的生活经验出发,激发学生的学习积极性,让他们调用已有的生活原型,激活原有的生活经验,积极主动地建构对数学的理解,这也正是数学新课标所倡导的理念。

2. 关注教学过程,倡导有意义的学习方式

数学新课标指出动手实践、自主探索、合作交流是学生数学学习的重要方式,强调"经历、体验、探索"。我在教学中牢记这一点,以$\frac{1}{2}$为突破口,开展了三次动手实践的数学活动,多层次、多角度地丰富并提升学生对分数的理解和认识,使学生不仅掌握了知识,而且发展了思维,学会了探索的方法。

(所获奖项:三等奖)

专家点评

对于小学生来说,分数的概念比较抽象。本课以富有生活情趣又蕴含认知冲突的问题情境导入,引导学生围绕问题交流解决的思路,并逐步深入。

在教学开始时,教师通过叮叮和当当在郊游时遇到了食物分配的难题引入分数的概念及表示方法,继而引导学生自主探索,通过折纸、涂色的方法

从直观感受上认识分数。接着，教师引导学生学习分数的各个部分名称和书写形式，并深入探究其他分子为1的分数以及分数大小的比较，使学生通过小组合作的探究方式掌握了分数大小的比较这个比较抽象的知识点。整个过程衔接紧密，层层递进。

教学中，教师将信息技术与传统的教学手段相结合，借助网络丰富教学资源，同时结合教学工具的使用来优化教学，使教学内容更为丰富有趣，促进了学生的学习。

需要注意的是，本节课的主要内容是认识分数，从$\frac{1}{2}$着手能以一种比较直观、简单的方式让学生理解，但是也容易形成思维定式，如后面接着讨论的还是分子为1的分数，此时如果出现一个分子不为1的分数，学生是否能够知道它的含义并能比较大小呢？这一点需要教师对学生的学习迁移给予更多的关注。

（点评人：北京师范大学教育学部　鲁利娟）

在趣中悟，在乐中学
——"认识角"教案及评析

张加云[①]

教学背景

教学课时：1课时

教学准备：

1. 学生：每人准备一张圆形纸片、一张正方形纸、两根硬纸条、一个图钉。

2. 教师：制作多媒体课件；利用互联网搜索与本课教学内容相关的素材；准备学习卡、活动角、剪刀、扇子。

教学目标

1. 联系生活中一些常见的物体初步认识角，知道角的各部分名称，能正确指出物体表面的角，能在平面图形中找到角。

2. 通过观察和操作认识到角是有大小的，能够判断角的大小。

3. 在认识角的过程中，进一步体会数学与生活的密切联系，增强动手操作的能力，发展空间观念，提高学习数学的兴趣。

教材分析

本节课是在学生已经初步认识了长方形、正方形、三角形的基础上进行教学的。教材按照学生的认知规律由浅入深、由具体到抽象进行编写，这部分内容是进一步学习几何图形的基础。教材结合生活情境，引导学生从观察生活中的实物入手，先让学生在观察实物的基础上抽象出角的图形，认识角的形状，然后教学角的各部分名称，让学生在操作活动中感悟角是有大小

[①] 张加云，江苏省东台市实验小学。

的，体会角的大小和两边叉开的程度有关，并能用不同的方法比较角的大小。

教学重难点

1. 能正确找出生活中的角和平面图形中的角，知道角的各部分名称，会比较角的大小。
2. 领悟角的大小与两边叉开的程度有关。

教学方法

本课充分利用学生已有的生活经验，根据低年级学生的认知规律，通过多种形式的数学活动，为学生提供实践、探究、交流、展示的机会，突出动手操作，提高学生参与活动的积极性，使他们学得轻松、学得愉快。

教学过程

一、创设情境，激趣导入

师：在图形王国里，我们已经认识了许多朋友。
（出示图片。）

奥运五环　　　　　　　　　五星红旗

师：认识这些图案吗？请你仔细观察一下，在这些图案中，有你认识的图形吗？

生：圆、长方形、正方形、五角星……

（课件凸显国旗上的五角星。）

师：这个图形，为什么叫五角星呢？

生：因为有五个角。

师：角到底是个什么样的图形呢？今天，我们就一起来认识这位新朋友。（板书：角）

【设计意图】在日常生活中，学生已经认识并且非常熟悉圆形、三角形、长方形、五角星等图形。通过组织学生观察图片，从学生的认知基础出发，以轻松的谈话导入，营造了宽松和谐的课堂氛围，使学生从一开始就进入最佳的求知状态。

二、动手实践，探究新知

1. 联系实物，初步感知角

师：下面请你拿出三角尺，看一看，找一找，它上面有角吗？

（学生找角。）

师：用手摸一摸，有什么感觉？

（学生回答。）

师：谁愿意把自己找到的角指给大家看一看？

（学生指，指出的角都是物体上突出的点。）

师：老师明白了，你指的角原来是这样一个图形（边说边在黑板上画一个点），这是角吗？

生：不是，这是一个点。

师：对，这是一个点，不是角。那么怎样才能把我们看到的角完整地指出来呢？

（学生思考。）

2. 抽象出角，认识角的各部分名称

（1）抽象出角

（出示三角尺。）

师：这是三角尺上的一些角，如果把这些角从三角尺上移下来会是什么样的呢？我们一起来看一看吧！

（播放视频《画角》，最后定格在角的画面上。）

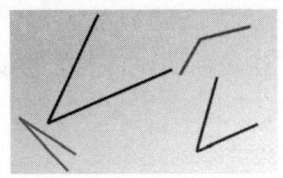

师：像这样的图形就是我们今天要认识的新朋友——角。仔细观察一下，这些角除了有同学们刚才所指的地方外，还有什么？请大家仔细观察并讨论一下，这些角有什么相同的地方？有什么不同的地方？

（学生回答。）

师：我们在指角的时候，不但要指出角的这个点，还要指出这两条直直的线。(板画角)想知道老师是怎样指角的吗?(示范指角)指角时要先指出角的这个点,再分别指出角的两条直直的线。同学们,你们能像老师这样指角吗?试一试,在三角尺上找一个自己喜欢的角,指给同桌看看。

(同桌交流。)

【设计意图】引导学生自己探索,既培养了学生的观察能力和思维能力,又为下一步介绍角的各部分名称架桥铺路。

(2)引导学生认识角的各部分名称

师:你知道吗?数学家们还给角的各部分起了个好听的名字,它们就藏在我们的数学书中,赶快去找一找吧!找到后说给你的同桌听一听。

(学生交流、汇报。)

师:(课件出示)这个尖尖的地方是角的顶点,这两条直直的线是角的两条边。角就是由一个顶点和两条边组成的一个平面图形。

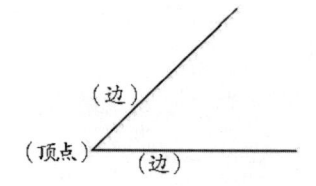

师:谁能上来指出这个角的顶点和边分别在哪儿?

(学生指。)

师:在图形王国里,通常就用这样的符号来表示角。(画角符号)以后我们看到角时就用这个符号做记号。同学们想学习画一个角吗?画角时,先画一个点,再从这个点出发,向不同的方向画出两条直直的线。(边说边画角)现在谁能告诉老师这个尖尖的地方叫什么?这两条直直的线又叫什么?

(学生汇报,教师板书:顶点、边。)

师:为了帮助大家记住这位新朋友,老师还编了一首儿歌,想学吗?

生:想。

师:下面我们就来一起学习。

(课件出示:今天我们来学"角",角的形状要知道,一个顶点两条边,边是直的要记牢。学生齐读儿歌。)

师:你认为儿歌中哪句话最重要?

(学生回答。)

师:能背下来吗?好,闭上眼睛一边背,一边回忆角的形状。

(学生背诵。)

(3) 巩固练习，内化升华

师：我们班的同学非常聪明，老师相信大家一定有一双明亮的慧眼。下面我们做个练习，看下面的图形中，哪些是角？哪些不是角？

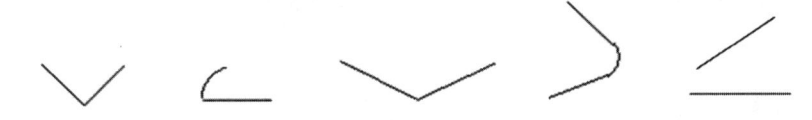

（学生独立完成，然后汇报。）

3. 寻找生活中的角

师：其实，我们身边也有很多这样的角，数学书的封面上有角吗？你还能在其他物体的表面上找到角吗？

（学生找角，集体汇报。）

师：看来，在生活中，我们随时随地都能找到角，它就在我们身边。

4. 巩固练习，内化升华

师："角娃娃"可有趣了，它常常和小伙伴们捉迷藏。下面的图形中也有角，你能找出来吗？数一数，分别有几个？

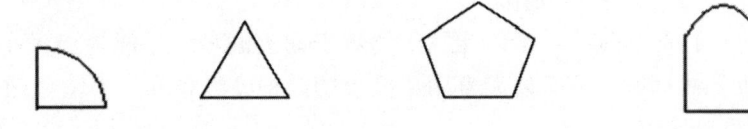

（学生思考、回答。）

师：三角形有3个角，五边形有5个角，猜一猜，六边形有几个角？七边形呢？

（学生回答。）

师：小猴知道我们在学"认识角"也跑来了，它还想考考我们呢，瞧！
（出示：你知道我有____个角吗？）

（学生思考，集体交流。）

【设计意图】角的认识是小学低年级学生对几何平面图形由感性认识到理性认识的一次飞跃。学生在生活中对角有了初步的了解，但对角的几何图形的认识还是第一次。教学时，教师设计了诸多开放而富有挑战性的问题，为学生提供创新思维的空间，发展了学生的创新思维。

三、动手操作，加深对角的认识

1. 尝试折角，初步感知角有大有小

师：小猴看到小朋友们这么聪明，奖励给每人一个笑脸，喜欢吗？

（出示笑脸的图片。）

师：它上面有角吗？请你拿出一张圆形纸片代替笑脸，你能把它变成一个有角的图形吗？动手试一试。

（学生自由折角，教师巡视，选出几个具有代表性的角，贴在黑板上。）

师：下面请大家来看一看这些角，仔细观察后比一比，你发现了什么？

生：角有大有小。

2. 动手做角，认识活动角

师：同学们真不简单，不仅能找出物体表面上的角，还能折出大小不同的角。想动手做角吗？下面请大家用桌面上的两根硬纸条和一个图钉做角。

（学生动手操作。）

师：老师也做了一个角，瞧！（拿出活动角）谁能指出它的顶点和边呢？

（学生指。）

师：下面我们就利用这个角来玩个游戏，好吗？

生：好。

师：请仔细观察，你有什么发现？（边说边旋转角的一条边，使角慢慢变大）

（学生回答。）

师：再仔细看一看，你又有什么发现？（边说边旋转角的一条边，使角慢慢变小）

（学生回答。）

师：看来角是有大小的，如果想使角变大，就把角的两条边叉开得大一些；如果想使角变小，就把角的两条边叉开得小一些。像这种能变大变小的角，我们把它叫作"活动角"。

师：你们想不想也来玩一玩？请大家拿出刚才做的角，转动角的边使角变大或者变小。

（学生按要求活动，教师巡视并进行适当指导。）

师：老师这里有一个角，你能用你手中的角变出一个比这个角还小的角吗？能变出一个比这个角更大的角吗？

（学生动手操作。）

师：咦！你的这个角的两条边怎么这么短？而我的这个角的两条边比你的长多了，你的角会比我的角大吗？

（学生讨论。）

生：角的大小和边的长短没有关系。

师：其实，在生活中我们也经常会看到这样的"活动角"。你知道吗？

（出示图片。）

折扇　　　　　　　　　　　剪刀

师：打开折扇，（演示）上面有角吗？谁来指一指它的顶点和边分别在哪？

（学生回答。）

师：打开折扇，上面的角就慢慢变大；合拢折扇，上面的角就慢慢变小。剪刀中的角也是一样，打开，角就慢慢变大；合拢，角就慢慢变小。

（学生点头表示赞同。）

师：好玩吗？大家回家后可以自己拿这些东西动手操作一下，观察上面角的变化。

3. 比较角的大小

（出示钟面的图片。）

师：转动钟面上的时针和分针，这两根针就形成了大小不同的角。这里的三个角都认为自己是最大的角，你能帮老师当一回裁判，判断一下哪个角最大，哪个角最小吗？

（学生回答。）

师：你是怎么看出来的？

生：数两根针之间的距离所占的格子，格子越多，角越大；格子越少，角越小。

【设计意图】以数学活动为主线并贯穿教学过程的始终。通过指角、找角、摸角、做角、比较角等多种形式的数学活动，加深学生对角的认识，丰富学生的数学活动经验。

四、欣赏生活中的角，课后延伸

师：今天，我们通过与小伙伴们的密切合作和自己的主动探索，认识了图形王国中的一位新朋友——角。

（播放课件《角的自述》。）

师：正是这些角使得我们的生活更加丰富多彩！试想一下，如果没有角，我们的生活将会怎样呢？课后请大家以《假如生活中没有角》为题写一篇数学猜想日记，好吗？

（学生议论。）

师：闭上眼睛，把这个新朋友——角美美地记在心里，好吗？今天大家玩得开心吗？老师想送给大家每人一份奖品，想要吗？瞧！（出示课后思考题：一张正方形纸上有____个角，折去一个角，还剩____个角。比一比，看谁的折法最多）动手试一试，相信你最棒！

【设计意图】数学新课标强调，教学活动是师生的双边活动。课堂上，让学生欣赏各种物体中的角，使学生了解建筑物上、艺术品中及日常生活中处处有角，不仅深化了学生对角的认识，同时也体现了数学是人类的一种文化的思想。

教学反思

1. 创设情境，让学生在趣中悟、乐中学

注意选择富有儿童情趣的学习材料和活动内容，激发学生的学习兴趣，获得愉快的数学学习体验，这是本实验教科书的一个特点。本节课中，我充分尊重学生的已有经验，密切联系学生的生活实际，巧妙利用学生熟悉的生活材料，丰富教学资源，创设生动、有趣、充满数学思想的情境，使数学教学贴近学生的实际。课堂上，学生学得乐此不疲、兴趣盎然，整个数学活动充满童趣，学生在趣中悟、在乐中学。

2. 安排自主活动，让学生在动中悟、做中学

这节课自始至终贯穿了学生的动手操作与实践，这不仅符合小学低年级学生好奇、好动的心理特点和几何初步知识的直观性强、操作性强的特点，更重要的是充分体现了以活动促发展的活动教学思想。我把原有的知识传授设计成了一连串的活动，如找一找、摸一摸、折一折、做一做、比一比等，通过这些活动引导学生在多种感官的协调参与下初步认识角，经历知识的形成和探究过程。同时，我通过分组合作讨论，全班展示交流的方式，让学生体会到解决问题策略的多样性，既发展了学生的求异思维，又让学生在交流中深化了各自的认识。整个教学过程以学生为中心，以学生的自主活动为基础，使学生真正动了起来，课堂真正活了起来。

3. 巧妙运用多媒体，变抽象为直观，发展空间观念

在初步认识角时，我巧妙地运用了多媒体，先让学生通过实物认识角，再除去实物中非本质的属性，抽取出角的本质属性，变抽象的知识为直观的画面材料，很自然地把实物中的角与几何图形中的角联系起来，既帮助学生清晰地建立了角的表象，又增强了学生对角源于生活的认识。

（所获奖项：三等奖）

专家点评

该教案中，教学目标、教学重难点的设置符合学生的认知特点，让学生在活动中探索、发现，有问题意识，教学目标达成效果较好。

在教学开始时，教师通过学生熟知的五角星图形导入本课内容，引发学生对角的思考，激发了学生的学习兴趣，营造了良好的学习氛围。接着，教师通过引导学生动手操作，联系实物进行观察和探索，发现角的基本特征，培养了学生的观察分析和归纳总结的能力。本课以数学活动为主，让学生在指角、摸角、做角的过程中体会角的大小与两条边的开叉大小有关，而与长度无关，通过直观的表象引导学生认识抽象概念，有助于提高学生的观察能力和思维能力。课后延伸环节让学生深刻感受到了生活中处处都有角，课后练习形式新颖，让学生以《假如生活没有角》为题写一篇日记，不仅培养了学生的创造性思维，同时也进一步加深了学生对角的认识。

（点评人：北京师范大学教育学部　鲁利娟）

联系实际，结合经验，使数学生活化
——"神奇的旋转"教案及评析

陈益英[1]

教学背景

教学课时： 1课时

教学准备：

1. 学生：复习学过的平移和轴对称的知识。
2. 教师：制作多媒体课件；利用互联网搜索与本课教学内容相关的素材。

教学目标

1. 通过生活事例，初步了解图形的旋转变换；结合生活实际，探索旋转的特征和性质，培养动手能力和推理能力。
2. 通过观察各种图形的旋转，感受图形旋转的主要因素是旋转中心和旋转角度。
3. 欣赏图形旋转变换所创造出的美，培养审美能力；感受旋转在生活中的应用，体会数学的应用价值。

教材分析

"神奇的旋转"是在学生学习了平移变换和轴对称变换的知识的基础上安排的一个学习内容，是义务教育阶段数学课程中"图形与几何"领域的一个重要内容，主要通过学生所熟悉的生活现象，使学生认识旋转，进而探索旋转的基本性质，体验旋转变换的理念与思想，利用旋转变换进行图案设计，了解图形的旋转变换在现实生活中的应用。

---

[1] 陈益英，重庆市石柱县南宾小学。

联系实际，结合经验，使数学生活化
——"神奇的旋转"教案及评析

▎教学重难点

掌握旋转的特征和性质。

▎教学方法

运用互联网和多媒体，引导学生开展观察、模仿、比较、思考、交流、讨论、应用与反思等探索活动。

▎教学过程

一、用互联网，激发兴趣

（播放视频《世界双人自由体操杂技表演》。）

师：同学们，刚才的体操表演好看吗？

生：好看。

师：这些精彩的体操表演都是由一些变换运动组成的。

二、提供平台，引导探究

1. 创设情境，导入新课

师：生活中这样的运动随处可见，它使我们的生活更美丽。还想看吗？

（播放视频《迷你旋转木马》《迷你摩天轮》。）

师：这两种运动是不是平移运动？

生：不是。

师：那是什么运动呢？

生：旋转运动。

师：这节课我们就一起来研究它。（板书课题：神奇的旋转）

2. 旋转的概念

师：因为有了旋转，世界如此美丽！

（出示图片。）

电风扇　　　　　　　　船舵

师：认真观察一下，以上这些物体的运动有什么共同特征呢？

（学生回答。）

师：为什么这些物体不会离开它所在的位置而跑到其他地方去呢？

生：有一根轴和一个点把物体固定。

师：同学们的思维真开阔，生活中像这样的旋转现象还有很多，那么你们认为什么样的运动才是旋转呢？

（同桌互议。）

师：平面内，一个图形绕一个定点转动，这样的运动我们称它为旋转运动。下面请你们列举一些日常生活中的旋转现象。

（学生回答。）

师：老师也来列举一些旋转现象，好吗？

（出示图片。）

直升机

雨刮器

纸风车

秋千

师：直升机机翼的旋转产生巨大的向下的气流，使飞机升起；车子前面的雨刮器的旋转能帮助人们看清楚前进的方向；纸风车的旋转让人们充分欣赏、感受风车的独特魅力；秋千的旋转不仅能够锻炼人的意志，培养人的勇敢精神，而且对人体生理机能的健康发展也是十分有益的。

【设计意图】把旋转现象具体化、多样化，有助于学生形成表象，为后面研究旋转的特征奠定基础。

3. 探索旋转的特征和性质

师：旋转到底有怎样的特征和性质呢？我们从最常见的时钟和摩天轮来开始研究吧。

联系实际，结合经验，使数学生活化
——"神奇的旋转"教案及评析

(1) 旋转的时钟和摩天轮

(出示课件。)

师：请同学们认真观察时针和摩天轮的旋转有什么不同？我们把时针的转动方向称为"顺时针"方向，与之相反的方向为"逆时针"方向，摩天轮的运动方向就是"逆时针"方向。

(2) 认识旋转三要素

师：老师这里有一些关于钟表的问题，请帮我解决，好吗？

(出示课件。)

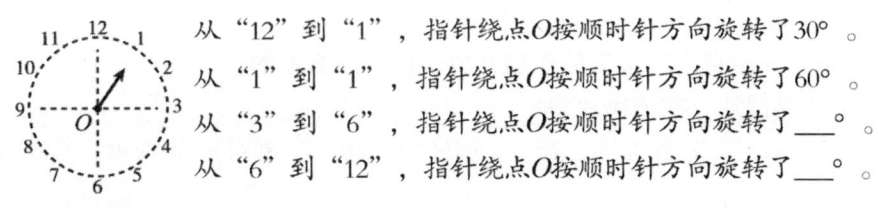

从"12"到"1"，指针绕点 O 按顺时针方向旋转了 $30°$。
从"1"到"1"，指针绕点 O 按顺时针方向旋转了 $60°$。
从"3"到"6"，指针绕点 O 按顺时针方向旋转了___°。
从"6"到"12"，指针绕点 O 按顺时针方向旋转了___°。

(学生回答。)

师：从刚才的练习中可以知道，要想把一个旋转现象描述清楚，应该从哪些方面说明？

(小组讨论。)

师：旋转有三要素，包括旋转中心、旋转角度、旋转方向。

(出示关于旋转的三要素的资料。)

【设计意图】由浅入深，由易到难，学习线段的旋转知识为后面研究图形的旋转和画图做好铺垫，符合学生的认知规律。

(3) 揭示旋转的特征和性质

师：接下来我们来研究旋转中的风车。

(播放动画《旋转的风车》。)

师：从画面中我们能清楚地看到，每个四边形（风叶）都在旋转，它们是按什么方向旋转的？旋转的度数发生变化没有？还有哪些因素没有发生变化？

(同桌互议，小组讨论。)

师：每个四边形、每条线段、每个角都按相同的方向旋转了相同的度数。

(出示关于旋转的基本性质的资料。)

(4) 合作探索，绘制图形

师：现在你们知道了旋转的特性，那么你们能不能把一个三角形旋转 $90°$ 画在方格图上呢？

251

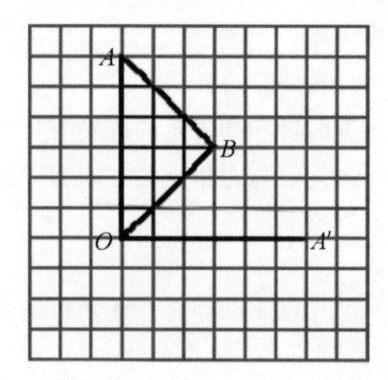

（学生先小组讨论，然后独立画。）

师：谁愿意来展示你的作品并说说你是怎么画的？

（作品展示，交流画法。）

（教师示范作图方法：看——旋转点，找——角对应的顶点，然后顺次连线。）

师：如果没有方格图，又该怎么画呢？谁敢挑战？

（学生试画，教师适时指导。）

三、巩固练习

1. 下面的图案分别是由哪个图形旋转而成的？

2. 利用旋转绕点 O 画一朵小花，并说说自己是怎样画的。

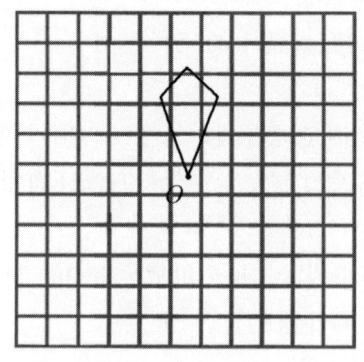

四、知识升华

师：旋转在生活中的应用非常广泛，起重机利用了旋转变换使人们事半功倍，请看——

联系实际，结合经验，使数学生活化
——"神奇的旋转"教案及评析

（播放视频《500 起重机——利勃海尔 LTM1500 在工作》。）

师：旋转变换不仅给人们带来事半功倍的效果，人们还利用它创造美，让更多的人欣赏美，得到美的享受，请欣赏下面的视频。

（播放视频《申雪、赵宏博 2009 年花样滑冰大奖赛夺冠》。）

师：希望同学们好好学习，将来建设好祖国，让我们的祖国更加美丽、富强！

教学反思

上完这节课，我有以下几点体会。

1. 运用互联网，拓展知识面

本课内容虽然常见，可旋转的概念还是比较抽象的，学生需要大量的感性支持和丰富的表象积累才能掌握。因此，我在教学中多次运用互联网搜索相关资料进行教学，以唤起学生已有的知识和生活经验。

课前我让学生观看互联网体育视频，充分调动学生的积极性。上课后又让学生看互联网视频，从学生感兴趣的"迷你旋转木马""迷你摩天轮"入手，引导学生感悟旋转的形成与性质，并通过他们的自主探究与合作交流，变静态数学为动态数学。最后，我再次利用互联网优势，让学生看视频，知道人们可以利用旋转创造美，让更多的人欣赏美，得到美的享受，从而让学生的认识得到了升华。

2. 以学生为主体，教师为主导

"送给学生一个信任，学生会还你一个奇迹。"这节课中，我始终充当引导者，以学生为主体进行教学。这样，学生可以根据自己的情况去看一看、想一想、做一做、议一议、试一试，由被动接受知识变为主动接受知识。特别是我打破常规的教学方式，让会作图的学生离开座位去帮助其他同学，这种做法，使不同层次的学生都有所收获，有了这些"小老师"的帮忙，后进生能够很快提高。学生置身于真正的学习之中，成为课堂的主人，体验到学数学的乐趣。

3. 联系实际，数学生活化

教学一开始，我从实际生活中的旋转现象和学生喜欢的游戏入手，这一设计，极大地吸引了学生的注意力，引发了学生的好奇心和求知欲，沟通了教学内容与生活的联系。接着，我依托生活中的时钟和风车这两种最常见的事物，引导学生观察、比较它们旋转的异同点，从而使学生在轻松的氛围中学习旋转的三要素。最后，我又回到生活中的旋转现象，让学生深切体会到数学来源于生活，数学为生活服务。

（所获奖项：三等奖）

专家点评

本课教学目标设置合理明确，即让学生通过生活实例初步了解图形的旋转变换，探索旋转的特征和性质，培养学生的动手能力和推理能力，并使学生体会到图形旋转在生活中的重要应用。教师通过设置问题情境引导学生自主探索、观察旋转的特征，通过动手操作、巩固练习加深学生对旋转的特征和性质的理解，最终实现教学目标。

在教学开始时，教师通过视频中的体操表演、旋转木马以及摩天轮导入本课内容，引发学生思考，激发了学生的学习兴趣，营造了良好的学习氛围。接着，教师通过出示旋转的相关图片以及问题逐步引导学生观察分析旋转的特征和性质。教师通过合理的引导使学生发现了旋转的特征和性质，并鼓励学生动手操作绘制旋转图形，使抽象的知识形象化，有助于学生对本课知识的理解和掌握。同时，不同形式的练习进一步加深了学生对旋转的理解和认识。

需要注意的是，学生互相学习有利于培养学生的合作探索精神，但课堂秩序需要教师的有效维护。旋转的知识对于学生来说较为抽象，如果能有实物供学生操作，将更有利于学生对旋转的理解和掌握。

（点评人：北京师范大学教育学部　鲁利娟）

数学来源于生活，生活离不开数学
——"等量代换"教案及评析

徐　强[①]

教学背景

教学课时：1课时

教学准备：

1. 学生：收集有关天平的信息资料。

2. 教师：制作多媒体课件；利用互联网搜索与本课教学内容有关的素材。

教学目标

1. 理解等量代换的意义，能根据实物进行等量代换，计算物体的数量，在解决实际问题的过程中，掌握等量代换的方法，体会等量代换的思想。

2. 培养推理能力和语言表达能力，发展思维能力。

3. 体会数学与生活的联系，增强学习数学的兴趣，培养学习数学的自信心。

教材分析

等量代换思想用等式的性质来体现就是等式的传递性，即如果 $a=b$，$b=c$，那么 $a=c$。等量代换是比较系统、抽象的数学思想方法。在小学三年级这个阶段，教材只要求学生通过生活中容易理解的题材初步体会这种思想方法，为后续学习打下必要的基础，学生只要能够用自己的方法解决问题就可以了，教学时不要求使用等量代换这一数学化语言进行描述。从实际的教学情况来看，让三年级的学生完整地叙述这一思考过程是有一定难度的。

[①] 徐强，江西省宜春市奉新县冯川镇第二小学。

教学重难点

1. 利用天平或跷跷板的原理，在解决实际问题的过程中初步体会等量代换的思想方法，为以后学习代数知识做准备。

2. 学会运用等量代换这一数学思想方法来解决一些简单的实际问题或数学问题。

教学方法

本课采用情境法、小组合作法、讲授法。

教学过程

一、创设情境，引入新知

（出示玩跷跷板的场景图。）

师：请同学们观察这幅图片。

（学生观察、交流。）

【设计意图】以学生熟悉的跷跷板游戏引发学生的学习兴趣，激起了学生的求知欲望，为后面的学习做好铺垫。

二、自主探究，合作交流

（出示天平的图片，教师介绍天平。）

数学来源于生活，生活离不开数学
——"等量代换"教案及评析

（播放视频《托盘天平的使用方法》。）

师：请大家看图，说说你从中获得了哪些信息。

（学生回答。）

师：虽然大家思考的方法多种多样，但都抓住了一个关键点，那就是1个西瓜和16个苹果都重4千克，所以1个西瓜＝16个苹果。

三、拓展延伸，深化练习

师：观察下面的图，思考：1只鸡和1只鸭，谁重一些？同学们可以选用自己喜欢的方式来解决问题，可以从问题出发，也可以从条件出发。

（出示课件。）

（小组讨论、交流，指名说。）

【设计意图】这些题在解决的时候要找准突破口，从问题出发要比从条件出发简单，只要找准它们之间的倍数关系，问题就很容易解决。但学生的思维能力有限，有的学生会从条件出发，也能得出结果，只是比较麻烦。学生做比较后，自然就会发现哪种方法简便，这样有助于进一步培养学生的推理能力和语言表达能力。

四、感受等量代换在生活中的运用

（播放视频《曹冲称象》。）

师：日常生活中，我们经常会遇到等量代换的问题，你能举几个例子吗？

（学生举例。）

师：我们做任何事情，只要肯动脑筋，善于运用我们的智慧，就没有办不成的事情。

【设计意图】通过这节课的教学，让学生领略古人在很多地方也进行着物品之间的等量代换，让学生感受到生活离不开数学，培养学生的数学意识。

教学反思

等量代换是数学中的一种基本的思想方法，也是代数思想方法的基础。等量代换的思想主要用等式的性质来体现等式的传递性，而今天所学的等量代换是具体的实物代换，比较直观、形象，主要从日常生活出发并运用到日常生活中去。

对这节课，我有如下体会。

1. 新课引入时，我利用学生比较熟悉的跷跷板游戏来激发学生的学习兴趣，并为后面介绍天平平衡打下基础。在学习新知的过程中，让学生体会到数学知识无处不在，数学来源于生活，生活离不开数学，学习数学知识是有用的，增强了学生学习数学的信心，培养了学生的数学意识。

2. 在教学过程中，我注重教学策略的选择。我认为，数学活动必须建立在学生认知发展水平和已有的知识经验的基础之上，教师应激发学生的学习积极性，给学生提供充分从事数学活动的机会，引导学生自觉、主动、积极地参与到活动之中，这就要求教师为学生设计的活动形式应是学生感兴趣的、学生乐于参与的，能让学生在愉悦的情绪中学习并体验学习带来的快乐。

3. 新课结束时，我让学生举出日常生活中等量代换的例子，并运用学生在语文课本中学过的《曹冲称象》的故事进行教学，让学生了解古人的很多物品交换也是通过等量代换来完成的，等量代换的知识一直延续至今，让学生再次感受到数学知识来源于生活。

（所获奖项：三等奖）

专家点评

本课要求学生理解等量代换的意义，能根据实物进行等量代换，计算物体的数量，在解决实际问题的过程中，掌握等量代换的方法，体会等量代换的思想，培养推理能力和语言表达能力。教师在对教学内容进行设置时做了合理安排，通过让学生对简单的数学问题的观察和分析，理解等量代换的含义，并通过拓展练习巩固学生所学知识，提高了学生解决问题的能力，最终实现了教学目标。

  在教学开始时，教师通过学生熟悉的跷跷板游戏导入课程内容，激发了学生的学习兴趣，营造了良好的学习氛围。学生通过思考和合作交流发现了苹果和西瓜等量的关键点，顺利解决了问题，加深了对等量代换的理解和掌握。拓展延伸环节巩固学生所学知识，提高了学生的推理能力和口语表达能力。《曹冲称象》的故事既拓展了学生的知识，同时也让学生初步体会了等量代换的巧妙应用。

  需要注意的是，本节课的知识难度不大，重点是让学生深刻体会等量代换的含义。因此，在教学中教师可以适当安排动手操作的活动，使学生能够直观地体会等量代换的含义。另外，形式多样的课后练习有助于发展学生的思维，提高学生解决问题的能力，因此教师也可以适当地加以设计使用。

（点评人：北京师范大学教育学部 鲁利娟）

以学生为主体，多感官参与，积极探索
——"位置与方向"教案及评析

庞艳娇[1]

教学背景

教学课时：1 课时

教学准备：

1. 学生：在互联网上搜索有关"定向运动"的简介。

2. 教师：制作多媒体课件；利用互联网搜索与本课教学内容有关的素材。

教学目标

1. 通过解决实际问题，体会确定位置在生活中的应用，体会数学与日常生活的密切联系。

2. 通过自主探索，能根据方向和距离确定物体的位置。

3. 培养空间观念和小组合作能力。

教材分析

本课时主要内容是在具体情境中，根据方向和距离两个条件确定物体的位置，并表述简单的路线图。这不仅是对之前所学内容的发展，也对提高学生的空间观念、认识周围环境的能力有很大帮助。

教学重难点

能根据方向和距离确定物体的位置。

---

[1] 庞艳娇，北京市朝阳区兴隆小学。

教学方法

本课采用讲授法、自学释疑法、小组讨论法。

教学过程

一、创设情境，导入新课

师：请同学们看一段短片，看的同时思考一下，这是一项什么运动？你对这项运动有哪些了解？

（播放视频《定向运动简介》，出示关于定向运动的资料。）

师：请大家说一说自己对定向运动的了解。

（学生回答。）

师：看来参加定向运动得具有一些本领，你知道是什么本领吗？

生：看地图，识别方向。

师：对，我们必须具备识图的本领，能从图中找出每个目的地的位置与方向。这节课我们就来一起学习"位置与方向"。（板书课题）

二、自主学习，探究新知

师：下面就让我们共同挑战一次公园定向越野赛。

1. 确定方向

（出示主题图。）

师：请同学们一起观察大屏幕，从图中你知道了哪些信息？

（学生描述所看到的物体，说知道了哪些信息。）

师：我们来找找一号检查点，它在什么位置呢？

（学生思考。）

（1）加方向标

师：加方向标的好处是什么？

生：容易说方向。

师：方向标加在哪？

生：起点。

师：一号检查点在什么位置？

生：在起点的东北方向。

（2）测量角度

师：知道一号检查点在起点的东北方向就可以出发了吗？如果这时就出

发可能会发生什么情况？再想想，沿什么方向走就能保证赛手更准确、更迅速地到达目的地？研究时，可以用上你手头的工具。

（学生讨论，汇报结果。）

生：东偏北30°。

生：北偏东60°。

师：两种说法都对，但我们一般先说与物体所在方向离得较近的方位。

（3）小结

师：我们确定了一号检查点的方向，在东偏北30°。通过找一号检查点我们学会了如何确定任意方向。

2. 确定位置

师：如果图中的1厘米表示实际的500米，你能知道一号检查点在距离起点多远的地方吗？

（学生动手量。）

生：图上2厘米，表示实际1000米。

师：现在你能准确说出一号检查点在什么位置了吗？

生：一号检查点在东偏北30°的方向上，大约要走1000米。

3. 小结

师：回忆我们刚才找一号检查点的过程，先确定了方向，又测量了距离。确定一个物体的准确位置，要同时知道方向和距离两个条件。你知道确定一个物体的位置需要知道哪两个条件吗？

生：需要知道方向和距离两个条件才能确定物体的位置。

师：大家会根据方向和距离表述物体的位置了吗？

生：会。

三、巩固练习

1. 做一做

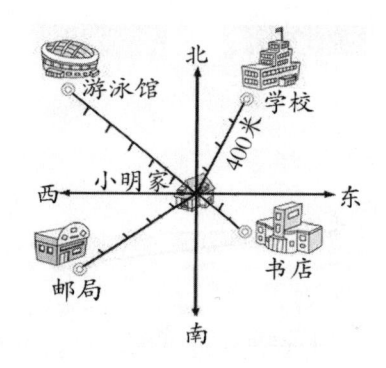

(1) 学校在小明家北偏____的方向上，距离是____米。

(2) 书店在小明家____偏____的方向上，距离是____米。

(3) 邮局在小明家____偏____的方向上，距离是____米。

(4) 游泳馆在小明家____偏____的方向上，距离是____米。

2. 按要求填空

以电视塔为观测点，文化广场在电视塔西偏南 45°的方向；体育场在电视塔东偏南 30°的方向；博物馆在电视塔东偏南 60°的方向；动物园在电视塔北偏西 40°的方向。请根据描述将地名填在下图的括号里。

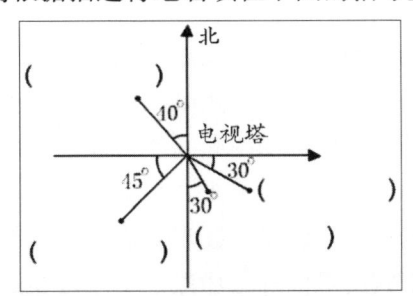

3. 量一量，说一说

山西、内蒙古分别在北京的什么位置？

四、课堂总结

师：对于这节课所学的知识，你还有什么疑问？

（学生提问，教师释疑。）

教学反思

1. 突出以学生为主体的思想

在探究新知和巩固拓展中，以学生的观察、发现、思考、交流为主，教师只进行适时地引导和启发，让学生在主动学习中体验解决问题的整个过程，培养学生各方面的能力。

2. 精心创设情境，激励学生探索

本节课的教学以问题解决为主线，设置各种练习活动激发学生的参与意识和数学意识，使学生感受到知识源于生活，学习是为了解决生活中的难题，从而体会数学的价值。

3. 人人参与，差异发展

在学习过程中，学生口、脑、手多感官参与，积极探索，人人学数学、用数学，人人在学习数学的过程中得到不同程度的提高和发展。

（所获奖项：三等奖）

专家点评

"位置与方向"与学生的日常生活密切相关，学生掌握本节课知识有利于其在实际生活中的应用。综观整个教案，教师对教学目标、教学重难点的设置符合学生的认知特点，并充分运用了信息技术，优化了教学过程，较好地完成了教学目标。

教学中，在教师的引导下，学生通过自主探索，能够根据方向和距离确定物体的位置，从而解决实际问题，体会确定位置在生活中的重要应用。在教学开始时，教师通过对定向运动的介绍导入课程内容，激发了学生的学习兴趣，营造了良好的学习氛围。接下来，教师通过设置问题情境，合理地引导学生开展讨论并进行思考，使学生逐步认识到需要根据方向和距离确定物体位置。最后，不同形式的巩固练习加深了学生对知识的理解，提高了学生解决实际问题的能力，让学生体会到了确定物体位置在实际生活中的重要应用。

（点评人：北京师范大学教育学部　鲁利娟）

西南师范大学出版社
《青蓝工程》系列丛书目录

系列	序号	书　　名	主编	定价
学科教案评析系列	1	《全国优秀学科教案评析·小学品德与生活（社会）》	教育部教育管理信息中心	32.00
	2	《全国优秀学科教案评析·小学信息技术》	教育部教育管理信息中心	32.00
	3	《全国优秀学科教案评析·小学英语》	教育部教育管理信息中心	32.00
	4	《全国优秀学科教案评析·小学数学》	教育部教育管理信息中心	35.00
小学系列	5	《全国优秀学科教案评析·小学科学》	教育部教育管理信息中心	35.00
	6	《全国优秀学科教案评析·小学音乐》	教育部教育管理信息中心	
	7	《全国优秀学科教案评析·小学语文》	教育部教育管理信息中心	
	8	《全国优秀学科教案评析·小学美术》	教育部教育管理信息中心	
	9	《全国优秀学科教案评析·小学体育》	教育部教育管理信息中心	
	10	《全国优秀学科教案评析·小学综合实践活动》	教育部教育管理信息中心	
	11	《全国优秀学科教案评析·初中化学》	教育部教育管理信息中心	29.00
	12	《全国优秀学科教案评析·初中物理》	教育部教育管理信息中心	30.00
	13	《全国优秀学科教案评析·初中思想品德》	教育部教育管理信息中心	30.00
	14	《全国优秀学科教案评析·初中历史》	教育部教育管理信息中心	
	15	《全国优秀学科教案评析·初中生物》	教育部教育管理信息中心	
初中系列	16	《全国优秀学科教案评析·初中信息技术》	教育部教育管理信息中心	
	17	《全国优秀学科教案评析·初中数学》	教育部教育管理信息中心	
	18	《全国优秀学科教案评析·初中地理》	教育部教育管理信息中心	
	19	《全国优秀学科教案评析·初中英语》	教育部教育管理信息中心	
	20	《全国优秀学科教案评析·初中语文》	教育部教育管理信息中心	
	21	《全国优秀学科教案评析·中学体育（初高中合并）》	教育部教育管理信息中心	
	22	《全国优秀学科教案评析·中学美术（初高中合并）》	教育部教育管理信息中心	
	23	《全国优秀学科教案评析·中学音乐（初高中合并）》	教育部教育管理信息中心	
高中系列	24	《全国优秀学科教案评析·高中思想政治》	教育部教育管理信息中心	
	25	《全国优秀学科教案评析·高中信息技术》	教育部教育管理信息中心	
	26	《全国优秀学科教案评析·高中英语》	教育部教育管理信息中心	

系列		序号	书　　名	主编	定价
学科教案评析系列	高中系列	27	《全国优秀学科教案评析·高中语文》	教育部教育管理信息中心	
		28	《全国优秀学科教案评析·高中历史》	教育部教育管理信息中心	
		29	《全国优秀学科教案评析·高中地理》	教育部教育管理信息中心	
		30	《全国优秀学科教案评析·高中化学》	教育部教育管理信息中心	
		31	《全国优秀学科教案评析·高中生物》	教育部教育管理信息中心	
		32	《全国优秀学科教案评析·高中数学》	教育部教育管理信息中心	
		33	《全国优秀学科教案评析·高中通用技术》	教育部教育管理信息中心	
		34	《全国优秀学科教案评析·高中物理》	教育部教育管理信息中心	
落实艺术系列	名师新课标	35	《名师新课标落实艺术：小学语文习作卷》	张文质　周萍	30.00
		36	《名师新课标落实艺术：小学语文阅读卷》	张文质　周萍	30.00
		37	《名师新课标落实艺术：小学语文口语交际与综合实践卷》	张文质　周萍	30.00
		38	《名师新课标落实艺术：小学数学数与代数卷》	黄爱华	30.00
		39	《名师新课标落实艺术：小学数学统计与概率卷》	黄爱华	30.00
		40	《名师新课标落实艺术：小学数学图形与几何卷》	黄爱华	30.00
		41	《名师新课标落实艺术：小学数学综合与实践卷》	黄爱华	30.00
教师专业能力必修系列	小学系列	42	《小学体育教师专业能力必修》	毛振明	28.00
		43	《小学数学教师专业能力必修》	杨玉东　巩子坤	30.00
		44	《小学美术教师专业能力必修》	李力加　章献明	32.00
		45	《小学语文教师专业能力必修》	付宜红	28.00
		46	《小学音乐教师专业能力必修》	金亚文	25.00
		47	《小学英语教师专业能力必修》	鲁子问　王彩琴	25.00
		48	《小学科学教师专业能力必修》	教育部基础教育教材发展中心	25.00
		49	《小学品德、生活与社会教师专业能力必修》	张茂聪　史德志　张新颜	25.00
	初中系列	50	《初中历史教师专业能力必修》	朱汉国	26.00
		51	《初中地理教师专业能力必修》	王民	28.00
		52	《初中数学教师专业能力必修》	杨玉东　黄伟胜	28.00
		53	《初中物理教师专业能力必修》	刘玉斌	25.00
		54	《初中语文教师专业能力必修》	郑桂华	27.00

系列		序号	书　　名	主编	定价
教师专业能力必修系列	初中系列	55	《初中生物教师专业能力必修》	汪忠	25.00
		56	《初中英语教师专业能力必修》	鲁子问　王彩琴	25.00
		57	《中学体育教师专业能力必修》	毛振明	27.00
		58	《初中化学教师专业能力必修》	刘克文	24.00
	高中系列	59	《高中英语教师专业能力必修》	鲁子问　王彩琴	27.00
		60	《高中历史教师专业能力必修》	朱汉国　陈辉	30.00
		61	《高中地理教师专业能力必修》	林培英	27.00
		62	《高中物理教师专业能力必修》	刘玉斌	27.00
		63	《高中数学教师专业能力必修》	杨玉东　王华	27.00
		64	《高中信息技术教师专业能力必修》	张义兵　李艺	27.00
		65	《高中生物教师专业能力必修》	汪忠	25.00
		66	《高中语文教师专业能力必修》	郑桂华	29.00
		67	《高中化学教师专业能力必修》	刘克文	32.00
		68	《高中通用技术教师专业能力必修》	顾建军	35.00